LA PHILOSOPHIE DU DROIT

OU

EXPLICATION

DES RAPPORTS SOCIAUX

PAR

DIMITRY DE GLINKA

TROISIÈME ÉDITION

PARIS
CHEZ A. DURAND, LIBRAIRE-ÉDITEUR
RUE DES GRÈS, 7

1863

LA

PHILOSOPHIE

DU DROIT.

Paris — Typographie de Ad. R. Lainé et J. Havard, rue des Saints-Pères, 19.

LA PHILOSOPHIE DU DROIT

OU

EXPLICATION DES RAPPORTS SOCIAUX

PAR

DIMITRY DE GLINKA

TROISIÈME ÉDITION

PARIS

CHEZ A. DURAND, LIBRAIRE-ÉDITEUR

RUE DES GRÈS, 7

1863

PRÉFACE

DE LA TROISIÈME ÉDITION.

Les plus grands maîtres en philosophie et en droit conviennent que la notion du droit est restée inexpliquée.

Cela provient de cé qu'on la cherchait dans les abstractions de la métaphysique, en dehors de la réalité, tandis que le droit, comme toute autre idée réalisée, uni à la matière, ne peut être reconnu que par ce côté.

A son origine, le droit paraît si simple, si humble pourrait-on dire, que les hommes de la science ont passé outre, sans s'apercevoir que le droit, à ce premier moment de son existence, contient déjà l'idée féconde qui sert de base aux rapports sociaux.

Or, prise à une certaine distance de son origine, l'idée du droit ne s'est plus prêtée aux développements dialectiques, et par conséquent n'a pu être expliquée d'une manière satisfaisante.

L'auteur de cet ouvrage s'est aperçu de cette erreur, et, remontant à la naissance de l'idée du droit, l'a suivie ensuite dans le mouvement dialectique qui lui est propre, lorsque rien n'entrave sa marche logique.

Mais, prise ainsi, c'est-à-dire séparément, l'idée du droit n'est encore qu'une abstraction, et reste en dehors de la réalité, parce que réellement elle est indissolublement unie à une autre idée, à celle de la liberté.

En séparant ces idées l'une de l'autre, on arrive, en théorie, à des systèmes abstraits, qui mènent aux conséquences les plus extrêmes, et, en pratique, au despotisme ou à la terreur.

Dans la volonté dont l'homme est doué, il se manifeste deux tendances opposées. Par l'une, elle se dirige vers la matière, et réalise l'idée du droit; par l'autre tendance, elle repousse la matière, et constitue l'idée de la liberté.

Identiques par leur essence, ces deux idées ne peuvent être isolées que par une opération mentale qu'on nomme abstraction, alors qu'elles ont passé à l'existence réelle.

Les rapports sociaux sont le produit de ces deux idées combinées dans des proportions différentes, et néanmoins, comme le titre de ce livre ne porte que l'indication d'une seule, de celle du droit, il pourrait paraître incomplet; mais nous ferons voir que l'idée de la liberté, en accomplissant son mouvement d'évolution, aboutit au droit.

L'idée du droit tend vers la matière et s'y incorpore. Elle est le principe créateur de l'ordre de choses qui assure l'existence de l'homme, comme individu et comme membre de la société. L'idée de la liberté est ce côté de l'essence spirituelle dans l'homme, qui tend à se dégager des étreintes de la matière. Elle la repousse par différents mouvements, qui constituent autant de modes de liberté.

Lorsque cette idée est parvenue à détruire les créations du droit, la nécessité d'introduire dans la société de nouvelles institutions se fait sentir. Mais l'idée de la liberté ne saurait les produire elle-même, puisqu'elle tend à se dégager de la matière, et non à se réaliser en s'y incorporant.

La société qui s'est constituée sur la base de la liberté ne peut donc faire autrement que de les emprunter à la société fondée sur le droit, en les modifiant seulement, conformément à l'esprit propre aux idées de liberté.

La philosophie du droit signifie donc le droit, pris comme base générale de toutes les institutions sociales, quel que soit le principe sous l'influence prépondérante duquel elles se sont formées.

Les effets de ces deux principes se manifestent dans un milieu où se développent, comme dans une atmosphère morale, les traits particuliers qui caractérisent les différents groupes d'hommes, et constituent leurs nationalités. Elles sont le produit des idées, des dispositions, des sentiments, qui sont le propre de la nature humaine, mais varient selon les lieux et les temps.

La nationalité et les autres liens du sentiment ont une force d'attraction qui neutralise l'effet de diverses causes tendant à séparer les hommes, et tempère ce qu'il y a d'âpre dans l'action et la réaction des principes sociaux.

Ce qui vient d'être dit du système de l'auteur ne saurait d'ailleurs être parfaitement intelligible que dans le cas où ce système serait déjà connu, circonstance défavorable aux préfaces des ouvrages de philosophie, comme le fait observer Hegel.

En effet, comme toute la valeur d'une théorie de philosophie réside dans la démonstration des thèses dont elle se compose, on ne saurait en donner un aperçu par anticipation; mais, une fois la démonstration accomplie, le contenu peut être présenté en résumé, et ceux qui chercheraient un pareil sommaire dans cet ouvrage le trouveront dans le chapitre intitulé : *la Dialectique du système.*

Lorsqu'on étudie les rapports qui existent dans la société des hommes, on a devant soi un objet réel. Il se compose des produits des idées du droit et de la liberté, et des idées dérivées de celles ci.

On a compris ces produits dans des catégories qu'on a nommées droit civil, droit public, droit des gens, et on a cherché à les expliquer à un point de vue général. De là vient l'origine de différentes sciences de philosophie, de politique et de jurisprudence.

En ce qui concerne l'objet de ces sciences, il n'y a donc pas de découvertes à faire, à moins qu'on ne poursuive un but de pure imagination, tel que serait la confection d'un code pour les actions possibles, mais non réellement arrivées, ou la recherche de la meilleure forme sociale.

Il s'agit d'expliquer tous ces faits sociaux, c'est-à-dire de montrer leur raison d'être, et le rapport soit d'unité, soit d'opposition, qui existe entre eux ; et, comme aucune des théories qui se proposent ce but n'a paru satisfaisante à l'auteur, il a cherché la solution de ces problèmes dans d'autres voies.

Il a trouvé que l'idée du droit, combinée avec l'idée de la liberté, est susceptible de prendre une extension qui embrasse tous les rapports sociaux, tant dans l'ordre des idées que dans celui des faits.

Sa théorie, placée ainsi en présence des faits, a pu être soumise à l'épreuve de l'expérience, seul criterium de la vérité lorsqu'il s'agit d'expliquer la réalité par les idées qui l'ont produite.

L'ordre dans lequel les différents objets de la science du droit sont présentés dans cet ouvrage est tout autre que celui qui est généralement admis, par la raison que le rapport que l'auteur a trouvé entre ces objets a une autre base.

Il y a entre les objets de chaque science un rapport extérieur de forme, d'étendue, d'affinité ou de séparation naturelle, — et un rapport d'idées.

En ce qui concerne spécialement la science du

droit, les objets dont elle s'occupe, les choses, les personnes, les actions, les obligations, sont en corrélation extérieure, comme leur cause, les idées, sont en corrélation intime. L'une correspond, par conséquent, à l'autre ; mais, lorsqu'on n'a pas trouvé la corrélation intime, l'extérieure aussi n'est saisie qu'imparfaitement.

Il s'en est suivi que les objets du droit ont été pris chacun séparément, plus ou moins exactement définis, puis coordonnés en système à quelque point de vue arbitrairement choisi. — La méthode de l'auteur consiste, au contraire, à trouver le mouvement propre aux idées, et à fixer leurs produits, à mesure qu'ils se présentent.

Lorsque l'auteur rencontrait, dans d'autres ouvrages, des aperçus ou des pensées qui venaient à l'appui de son système, il les recueillait, et les a cités ; mais ces citations, à prendre la profusion d'écrits sur la matière, ne sont pas nombreuses, et restent toujours à l'état de propositions détachées.

En ce qui concerne l'essentiel, c'est-à-dire le point de départ des idées, leur mouvement dialectique et le rapport entre elles, l'auteur n'a rien trouvé d'analogue chez les autres.

Ce n'est que successivement, d'ailleurs, que le système exposé dans ce livre est arrivé au développement qu'il présente actuellement. — Dans la première édition l'auteur a indiqué le mouvement des idées du droit, et le but vers lequel elles se dirigent, mais il n'avait pas encore découvert le mouvement des idées de liberté.

Dans la seconde édition, il a donné de nouveaux développements aux idées du droit, mais il n'a rencontré que plus tard le mouvement dialectique des idées de la liberté. Ce n'est qu'alors aussi qu'il a pu établir la corrélation entre ces deux ordres d'idées, sur tous les points.

En sorte que les deux éditions précédentes ne contiennent qu'une partie du système que cette édition expose en entier.

Pétropolis, février 1863.

LA

PHILOSOPHIE DU DROIT.

CHAPITRE PREMIER.

LE DROIT.

De tous les êtres qui existent sur la terre, l'homme seul est doué d'une volonté intelligente [1]. Mais ce principe intellectuel anime un corps, dont la nature matérielle est subor-

[1] Les plus profonds métaphysiciens admettent que la volonté est intelligente, qu'elle n'est qu'une modalité de l'intelligence. *Kant* pense que la volonté n'est autre chose que la raison pratique. *J.-G. Fichte* partage la même conviction, et il l'exprime ainsi : « Das Wollen ist der eigentliche wesentliche Charakter der Vernunft, das practische Vermögen, ist die innigste Wurzel des Ich. » *Schelling* s'énonce dans le même sens : « Jene Handlung selbst aber wodurch der Geist vom Object sich losreisst, lässt sich nicht weiter erklären als aus einer Selbstbestimmung des Geistes. Jene Selbstbestimmung des Geistes heisst Wollen. » *Hegel* dit que la volonté de l'homme n'est que l'expression finie de son intellect infini; mais il distingue encore une volonté inférieure, qu'il nomme naturelle, de même que Schelling admet une volonté absolue et une volonté empirique.

donnée à toutes les conditions de l'existence organisée. Comme tel, le corps humain a des besoins, dont les exigences impérieuses absorbent, en premier lieu, les facultés de son intelligence. Occupé de satisfaire ces besoins, l'homme use des productions de la nature qu'il rencontre à sa portée, et bientôt il ne les apprécie même plus qu'en raison de l'utilité ou de l'agrément qu'il peut en retirer. Il les modifie selon sa convenance, les adapte de plus en plus à son usage, et s'accoutume enfin à se considérer comme le maître de la terre, qui subit les influences de sa volonté souveraine et prend autour de lui une nouvelle apparence.

Ainsi, pour assurer l'existence du corps, la volonté intelligente de l'homme s'étend sur les objets en dehors de lui. Elle agit sur leur nature, modifie ou détruit leur première forme par le travail, et leur imprime de la sorte une nouvelle destination [1].

En les pénétrant de son activité, elle y reste

[1] « Die Person hat das Recht in jede Sache ihren Willen zu legen, welche dadurch die Meinige ist, zu ihrem substantiellen Zwecke, da sie einen solchen nicht in sich-selbst hat, ihrer Bestimmung und Seele meinen Willen erhaelt, — absolutes Zueignungsrecht des Menschen auf alle Sachen. » (*Naturrecht und Staatswissenschaft* v. Hegel, S. 50.)

fixée, et le signe visible de sa présence, le lien par lequel la volonté de l'homme s'attache l'objet, a été nommé droit [1].

On ne peut distinguer que par abstraction la matière première dont le droit se compose, de l'action de la volonté par laquelle il s'est constitué; car le droit est précisément le produit de l'nnion de ces deux éléments [2]. Il ne saurait donc

[1] L'idée du droit se retrouve plus ou moins exactement reproduite dans tout ouvrage qui traite de la philosophie du droit. Mais, exprimée, pour ainsi dire, à l'insu de l'auteur, qui toujours en cherche l'explication ailleurs, il ne pouvait en résulter de développement suivi. C'est ainsi que, dans la note précédente, la citation que nous avons empruntée à Hegel contient l'idée du droit, mais comme proposition détachée qui reste sans résultat. Kant se trouve dans le même cas en donnant la définition suivante : « Tout ce qui est lié avec moi, de manière que l'usage qu'un autre en ferait, sans mon consentement, me porterait atteinte, *est le mien de droit*. Das rectlich-Meine ist dasjenige womit ich so verbunden bin, dass der Gebrauch den ein Andererе ohne meine Einwilligung von ihm machen möchte, mich lädiren würde. » (*Metaphysische Anfangsgrunde der Rechtslehre* vom IM. KANT, S. 55.) Définition où il ne s'agirait que de remplacer le mot vague de *le mien de droit* (Rechtlich-Meine) par celui de *droit* (Recht), pour que l'idée du droit se trouvât exactement rendue. Mais Kant attachait lui-même si peu d'importance à la proposition que nous venons de citer, qu'il convient expressément n'avoir qu'une idée obscure et confuse sur le droit. — Voyez sa *Critique de la raison pure*, pages 417 et 756, où il dit : *Verworrene Begriffe a priori Recht*, *Billigkeit*, etc.

[2] Comme la précision dans l'emploi des mots est d'une grande

exister de droit sans matière, et d'un autre côté, dès que celle-ci a été soumise à l'action de la volonté et en a subi le lien, elle se transforme en objet de droit.

Le droit présente ainsi une corrélation extérieure entre l'homme et l'objet, qui est le produit d'un mouvement intellectuel, puisque nous venons de voir que le droit se constitue par un acte visible, déterminé par la volonté intelligente. Ce mouvement de l'intelligence à l'objet, en s'effectuant, se nomme *idée.* Le retour de ce mouvement à son centre intellectuel se nomme *la réflexion*, et c'est par elle que l'homme acquiert, plus ou moins distinctement, la conscience de l'idée.

Nous ne saurions, dès à présent, entrer dans un examen approfondi de l'idée du droit, attendu que nous sommes obligés de la prendre

importance en philosophie, il est à observer que le mot *principe* doit être rapporté à l'esprit, et le terme *élément* à la matière. C'est ainsi qu'en parlant des idées de droit ou de liberté, on se servira du terme « ces principes », et on dira « ces éléments » pour désigner leur côté matériel ou leurs produits. Mais dans un cas comme celui auquel cette note se rapporte, où il est justement question de l'union de l'idée et de son produit, on se servira indistinctement de l'une ou de l'autre de ces expressions, afin de ne pas devenir diffus en voulant trop de précision.

d'abord séparément, afin de suivre les développements qu'elle présente. Or l'idée du droit n'existe pas ainsi séparément ; elle est unie à une autre idée, à celle de la liberté ; — mais nous ne pourrons nous occuper de celle-ci que lorsque nous serons arrivés au terme des évolutions qu'accomplit l'idée du droit. Ces deux idées, alors, s'expliqueront l'une par l'autre, à cause du rapport qui existe entre elles.

L'idée du droit présente, dans son mouvement dialectique, un côté général et un côté où l'on aperçoit des différences.

Le côté général est celui qui reste invariable, dans ce sens qu'il dure toujours comme totalité ; mais, au milieu de celle-ci, le mouvement de l'idée fait apparaître le droit sous de nouvelles faces, dans de nouvelles conditions d'existence, et à ce point de vue le droit est essentiellement mobile.

Ainsi il y a dans l'idée du droit, prise dans son ensemble, mouvement et stabilité, unité et diversité.

Il s'ensuit que, lorsqu'on qualifie le droit d'immuable, d'éternel, ces expressions ne sont exactes qu'en tant qu'elles se rapportent au côté général du droit.

Quelles que soient les conditions où le droit se constitue, il doit être reconnaissable à quelque signe extérieur qui indique l'action de la volonté humaine. Dans un état social plus avancé, le droit est représenté par des écritures et des documents, qui ne changent rien à sa nature, et servent seulement à mieux en constater l'existence et à en faciliter la circulation.

CHAPITRE II.

LE DROIT CIVIL.

L'idée du droit ne s'arrête pas à ce moment où elle produit le droit de l'individu, mais passe de là à d'autres modes d'existence, où elle se présente sous d'autres faces, et sous les nouveaux noms d'idées de justice et d'autorité.

Le droit individuel rencontre une limite dans le droit d'autres individus. C'est ainsi que différents droits individuels, en se limitant les uns les autres, prennent une forme déterminée, et constituent, dans leur ensemble, le droit privé, qu'on nomme en jurisprudence *le droit civil.*

Ainsi l'idée du droit, au premier degré, donne, comme produit, le droit individuel indéterminé, qui se transforme en droit déterminé, lorsque, au lieu de s'étendre à l'infini, il s'arrête devant le droit d'autrui.

Ces droits particuliers se rapportent aux individus, pris séparément ou collectivement. Mais il se forme, dans la société, un droit général, qui embrasse tous les droits particuliers, de même que la société, comme telle, comprend tous les individus qui la composent. Le droit général, qui s'établit entre la société et les individus, se nomme *le droit public.*

Une troisième grande division du droit se nomme *le droit des gens.* Elle se compose des rapports qui se forment entre les sociétés indépendantes, tant sur la base du droit qu'en conséquence d'une entente qui s'établit à ce sujet entre elles.

Néanmoins les objets de toute science, et notamment de la science du droit, ne se laissent pas diviser d'une manière absolue. Comme parties du même tout, ils tiennent nécessairement les uns aux autres par quelque côté, — et ce n'est que pour en faciliter l'étude, qu'on a établi leur séparation par rubriques.

En ce qui concerne les rapports du droit, ils ne se présentent pas dans un ordre quelconque de développements successifs, mais on les voit paraître tous simultanément, au moins à l'état rudimentaire, dès l'origine de la société. Dès lors, les individus se trouvent en rapport entre eux, et en même temps ils se conforment à certaines règles générales, valables pour toute la société; celle-ci juge les différends, et exerce l'autorité. En sorte que le droit civil et le droit public apparaissent en même temps, mais plus ou moins confondus. Dans un état social plus avancé, les deux droits se distinguent d'une manière marquée, sans néanmoins jamais se séparer entièrement.

La société, comme telle, peut, tout comme les individus, être en possession de droits civils; et les droits des individus prennent le caractère du droit public, lorsqu'ils confèrent l'exercice de l'autorité, ou celui d'une de ses attributions. Tel est le cas, lorsque certaines propriétés, ou un certain revenu, qualifient les individus à l'exercice de fonctions publiques.

Au lieu donc d'établir une séparation tranchée entre les deux genres de droit civil et public, il serait plus correct de dire que le droit civil se compose des produits de cette phase de l'idée du droit, qui se rapporte principalement aux individus. Le droit public se compose des développements de l'idée du droit, qui se rapportent principalement à la société. Mais celle-ci n'est qu'une réunion d'individus, et ces derniers, par leur réunion, constituent la société ; en sorte que ces deux notions, ne pouvant être séparées, n'offrent pas de base déterminée pour établir une distinction précise entre le droit privé et le droit public.

Mais, avant de suivre l'idée du droit par les évolutions qu'elle accomplit, nous nous arrêterons à ce moment où elle se trouve encore dans la phase du droit individuel déterminé ou civil. Nous verrons ce dernier se constituer, d'abord, comme droit de première occupation ; nous examinerons ensuite les différences qu'il présente, tant par rapport à l'objet que par rapport au sujet, c'est-à-dire à l'individu auquel il tient.

§ I. — Du droit de première occupation.

Le corps humain prend de la croissance, et les organes qui lui servent de moyens, l'ouïe, la vue, le toucher, se perfectionnent. Ses connaissances et la portée de son intelligence augmentent. Au point de vue du droit, c'est une expansion du droit personnel. Le droit réel est également susceptible de développement par accession naturelle ou artificielle, et s'étend dans une vaste sphère, où l'homme rencontre enfin l'activité de son semblable. Ayant fixé sa volonté sur les objets à sa portée, il en trouve d'autres dont une volonté semblable à la sienne s'est déjà emparée, et qui sont destinés à l'usage d'un autre individu humain. En apercevant le signe de cette volonté étrangère, l'homme voit que l'objet est attaché à la personne de son semblable. S'il s'abstient d'user de force pour rompre ce lien, s'il le respecte, il reconnaît le droit d'autrui comme conséquence de la priorité d'occupation ; et c'est ainsi que se constitue le droit de premier occupant, source d'où découlent tous les autres droits positifs.

Dans le chapitre précédent, nous avons vu le droit se constituer, en conséquence de la supériorité de l'homme sur les autres créatures terrestres ; mais le droit ne reste indéterminé qu'aussi longtemps que l'homme ne rencontre pas d'entrave à son activité. Lorsque le droit d'autrui l'arrête, l'idée primitive du droit subit une modification. Elle cesse de s'étendre à l'infini, parce que l'homme a reconnu, dans son semblable, la même supériorité dont il est doué lui-même.

Or cette nouvelle idée est celle qu'on nomme justice, comme nous le ferons voir plus loin ; et il nous suffira d'avoir constaté ici qu'elle apparaît dès l'origine du premier droit déterminé, c'est-à-dire du droit à forme ou à limites précises.

Ainsi le droit reste à l'état vague ou douteux, aussi longtemps qu'il n'est pas certain qu'il se soit constitué conformément à l'idée du droit. S'il en est ainsi, il peut être, soit indéterminé, lorsqu'il n'y a pas de limites précises, soit déterminé, lorsqu'elles existent. Dans les deux derniers cas, le droit est positif, par opposition au premier cas, où il reste vague.

Néanmoins le droit de première occupation ne s'établit pas par la simple prise de possession d'un objet non occupé encore.

Une chose peut avoir été soumise à l'action de l'homme, peut même lui avoir servi, sans qu'il ait eu l'intention de la garder en toute propriété. Dans ce cas, le droit ne se sera pas constitué, mais sera resté dans le vague.

Cette distinction pourrait sembler une subtilité, et cependant il n'en est pas ainsi, puisque, dans certaines circonstances, elle peut acquérir de l'importance, et servir de règle dans les contestations.

Supposons, par exemple, qu'une île ait été découverte par des individus appartenant à des nations différentes, et que chacun en réclame la propriété, en vertu de la priorité d'occupation. Dans ce cas, la décision dépendra, non pas simplement de ce fait, mais de ce fait, en tant qu'il indique l'intention de s'approprier l'île ; car il ne s'agit pas là d'un acte purement physique, mais d'un acte intelligent, dont l'homme doit avoir la conscience, puisque ce n'est qu'ainsi que le droit se constitue.

En Europe, et en général dans les contrées très-peuplées, le droit de première occupation a plutôt une importance théorique que pratique, attendu que, dans ces contrées, il ne peut être exercé qu'à l'égard d'un petit nombre d'objets. Mais, dans les vastes régions du globe qui n'ont pas d'habitants ou n'en ont que peu, le droit de première occupation acquiert une grande importance, tant par rapport au droit privé que par rapport au droit public.

Il n'y a pas très-longtemps encore que le droit de première occupation était interprété dans un sens exclusivement favorable aux nations civilisées et dominantes ; — de manière qu'en vertu de cette interprétation, elles s'emparaient de contrées, même habitées, qu'elles découvraient, sous prétexte que ces habitants étaient des sauvages.

Mais la différence dans le développement intellectuel des hommes n'exerce pas d'effet sur le droit, en sorte que, s'il était méconnu à cause de cette raison, ce serait un acte, en tous points, pareil à ceux qu'on qualifie de violence contre le droit d'autrui.

On ne saurait d'ailleurs contester que, depuis un certain nombre d'années, le droit de première occupation se développe dans un sens conforme à l'idée générale du droit, c'est-à-dire qu'on ne le reconnaît que s'il se constitue en dehors de la fraude et de la violence. Déjà les nations civilisées sentent la nécessité de revêtir des formes du droit leurs transactions avec les sauvages, et, quoique souvent elles restent insuffisantes, le fait a néanmoins de l'importance, comme un hommage rendu au droit.

§ II. — Des distinctions établies à l'égard du droit.

Les objets attachés à l'homme se nomment *sa propriété*, terme qui se rappórte à l'objet, et indique d'une manière expressive qu'il est devenu la dépendance propre ou particulière de l'homme. Le terme de *droit* se rapporte, au contraire, à l'homme, et exprime la supériorité qu'il exerce sur la matière [1].

Cette matière peut être de nature animée ou inanimée, organisée ou inorganique.

Les animaux dont l'homme utilise les facultés, ou qui peuvent lui servir de nourriture, sont soumis à l'influence de sa volonté, et, changeant de nature, subissent une domesticité qui devient le lien par lequel ils sont retenus auprès de leur maître.

Les terres que l'homme cultive, les productions de la nature qu'il accommode à ses be-

[1] L'étymologie même du terme par lequel on désigne le droit indique, dans toutes les langues, la supériorité de l'homme sur la matière, et l'état de dépendance qui en résulte pour celle-ci. « Le terme de *droit*, dans sa première origine, vient du verbe *diriger* (*Principes du droit naturel*, par BURLAMAQUI, p. 2). » *Jus* vient de *jubeo*, et *pravo* de *pravit*, mot qui, dans les langues slaves, signifie aussi diriger.

soins, restent empreintes de son travail et témoignent de l'occupation qu'elles ont subie.

Mais l'homme peut aussi prendre possession des objets, dans la prévision qu'il en aura besoin par la suite, sans en modifier immédiatement la forme ou la matière première. Dans ce cas, il lui importe seulement de préciser les limites de cette prise de possession, pour que le droit ne reste pas à l'état indéterminé, mais devienne un droit déterminé. Cependant, dans un état social plus avancé, un signe de convention peut indiquer simultanément la prise de possession et les limites de la prise de possession, si ces limites sont naturelles, comme, par exemple, celles d'une île. Autrement, il resterait encore à déterminer l'étendue de l'occupation.

A mesure que l'existence du corps est assurée, l'esprit se livre de plus en plus au mouvement qui constitue sa vie intellectuelle. Il s'incorpore à la matière, à la pierre, au métal, à la toile, à des signes de convention, tels que les caractères de l'alphabet; et les créations de la science et de l'art s'accomplissent. Plus la transformation de la matière première est complète, plus l'action de la volonté humaine devient apparente.

Mais là manière dont la supériorité de l'esprit

sur la matière se manifeste, le but plus ou moins élevé ou même idéal que l'homme a eu vue en prenant possession de la matière, ne saurait, au point de vue du droit, donner lieu à des distinctions en ce qui concerne l'action de la volonté sur la matière. L'idée du droit ne consiste que dans l'appropriation des objets à quelque besoin intellectuel ou physique de l'homme. Ainsi la transformation de la matière en objet d'art élevé, ou en objet destiné à l'usage le plus commun, reste sans effet sur le lien même du droit, ne change en rien sa nature. L'idée du droit ne subit pas de modification selon que l'intelligence humaine s'y manifeste à un degré plus ou moins élevé.

Il existe une disposition légale qui concède à l'artiste ou à l'ouvrier la propriété de l'objet qu'il a produit, en se servant de la matière première appartenant à un autre, sauf à en restituer la valeur. Cette loi n'est pas conforme à l'idée du droit. Elle a été inspirée par le sentiment de prédilection que l'homme éprouve pour les créations de l'esprit; mais il s'ensuit qu'il suffirait d'être doué d'une intelligence supérieure pour s'attribuer la propriété d'autrui.

Or chaque faculté humaine a sa propre valeur dans sa sphère spéciale ; et la faculté qui a pour but de satisfaire aux besoins de l'homme, quoique l'une des moins brillantes, lui est néanmoins la plus indispensable, puisqu'elle assure on existence.

On ne saurait donc établir de différences, en e qui concerne le droit, ni par rapport à l'individu auquel il appartient, ni par rapport au ut qu'il tend à réaliser, — c'est-à-dire que le lroit reste de même valeur, quel que soit le suet ou l'objet auquel il se rapporte.

La valeur du droit ne change que lorsqu'on ne le laisse plus prendre un développement illiaité; alors sa corrélation avec l'idée de liberté e déplace, et il se modifie dans sa portée générale. Mais ce changement ne s'accomplit que entement, souvent dans une longue suite de siècles, à moins qu'un peuple, se trouvant en relaions suivies avec un autre peuple, ne lui emrunte ses idées déjà modifiées. Le changement 'opère, par suite du développement que prennent les idées de liberté, mais au milieu de cette ransformation les idées de droit conservent leur énéralité. Elles prennent de l'extension, ou entrent dans des limites plus étroites, — selon 'esprit du temps, — mais leur essence reste la même ; en sorte qu'elles ne peuvent pas produire des effets différents, dans le même cas donné. Nous devons nous borner, en ce lieu, à la simple indication de ce point de vue essentiel, puisqu'il résulte de la corrélation entre les idées de droit et de liberté, que nous ne pouvons faire connaître que par la suite.

S'il y a des cas où le droit semble avoir perdu toute valeur, c'est uniquement à cause d'une défectuosité d'origine, ou de quelque autre circonstance qui l'obscurcit. Dans ces cas-là, l'essence même du droit n'est pas mise en question, et il s'agit seulement de savoir si un droit positif quelconque est bien fondé, s'il existe effectivement, circonstance qui n'est qu'accidentelle et étrangère à l'essence du droit.

La volonté de l'homme ne se porte pas seulement au dehors, elle tourne son activité vers son propre corps, auquel elle fait acquérir différents moyens et différentes facultés. Considérée dans son action sur les choses du dehors, la volonté produit le *droit réel*, et, par analogie, on a nommé *droit personnel* les effets de la volonté qui restent limités à la personne de l'individu.

Le droit personnel ne se distingue pas essentiellement du droit réel. On y retrouve le même principe spirituel, la volonté de l'homme, et aussi l'objet du droit réel, la matière, qui est représentée par le propre corps de l'individu, développé et perfectionné par sa volonté intelligente.

Cependant on sépare généralement ces deux genres du droit, en établissant comme signe distinctif entre la propriété personnelle et la propriété réelle la douleur qu'on éprouve lorsqu'une atteinte est portée à sa personne, et qu'on prétend ne pas sentir lorsque violence est faite seulement à sa propriété réelle. La personne, cependant, à laquelle on ôterait ses vêtements par le froid, qu'on obligerait de quitter sa maison, ou d'abandonner les aliments nécessaires à sa subsistance, pourrait ressentir une douleur physique assez forte pour en mourir. D'un autre côté, des parties du corps humain deviennent entièrement insensibles dans certaines maladies, ou peuvent en être retranchées, comme, par exemple, les cheveux, sans la moindre sensation douloureuse. La douleur ne saurait donc être admise comme caractère distinctif de la propriété personnelle. — La définition de celle-ci comme faisant partie du corps, et de la propriété réelle comme objet extérieur, n'est pas exacte non plus. Car l'homme n'existe que par la transformation progressive d'objets extérieurs en sa propre substance; et, d'un autre côté, des parties de son corps en étant séparées deviennent, à leur tour, des objets extérieurs pour lui.

Il faut conclure de cette impossibilité de trouver des limites précises entre ces deux propriétés, qu'il n'en existe pas, et qu'elles ne peuvent être distinguées que dans le moment où chacune d'elles est considérée séparément, distinction qui s'efface dans le mouvement de leur relation réciproque comme unité de droit. — C'est ainsi que la propriété réelle ne doit être considérée que comme une extension de la propriété personnelle, ou de la personnalité de l'individu. Et on retrouve des traces de cette manière de voir dans la plupart des législations positives [1].

[1] « Der Germane mit seinem Eigenthum scheint ganz als zu Einem verwachsen betrachtet worden zu seyn, so dass eine Verletzung die seinem Pferde angethan ward, ihm nach dem bestimmten Ansatz so gut gebüsst werden musste, als eine Verletzung seines Auges oder seiner Nase nach dem respectiven Ansatz. » (*Geschichte der italienischen Staaten*, v. Leo, T. 1, S. 115.) — « La propriété des objets extérieurs ou la propriété réelle n'est qu'une suite et comme une extension de la propriété personnelle. L'air que nous respirons, l'eau que nous buvons, le fruit que nous mangeons, se transforment en notre propre substance, par l'effet d'un travail involontaire ou volontaire de

Cependant les droits réels ne forment pas nécessairement une seule masse matériellement compacte et réunie à l'individu auquel ils appartiennent. L'individu peut s'éloigner de l'objet qui lui appartient, de manière à ne plus se trouver en contact avec lui, ou bien il peut acquérir des droits à distance de l'objet. Dans ce cas, le droit ne change pas de nature, aussi longtemps que les deux éléments dont il se compose persistent, et que leur existence peut être constatée par des preuves valables aux yeux des autres hommes.

L'existence de l'homme se manifeste par le mouvement. Il fait usage des facultés que la nature lui a accordées, et de celles qu'il acquiert par l'extension de sa personnalité au moyen des droits. Il exerce ceux-ci en leur imprimant le mouvement, et le droit, qui est lui-même le résultat d'une action, d'une manifestation de la volonté, devient, de la sorte, à son tour, base de l'action.

Le droit se présente ainsi, un moment comme mobile, un autre moment à l'état d'immobilité. Si l'on considère les objets auxquels il se rap-

notre corps. » (*Préliminaires de la Constitution de* 1789, par l'abbé SIEYÈS.)

porte, on voit qu'ils sont, tantôt susceptibles de locomotion, tantôt ne le sont pas, ce qui a donné lieu à la distinction en *biens meubles* et *immeubles*.

Mais cette distinction n'est pas plus essentielle que celle établie entre le droit *réel* et le droit *personnel*, puisque, en certains cas, les animaux sont compris dans les immeubles, et qu'on a admis la fiction *d'immeubles ameublés* et *d'immeubles fictifs*, à l'aide de laquelle les immeubles sont transformés en meubles et ces derniers en immeubles.

§ III. — Des différentes modalités du droit civil.

L'homme se présente, en premier lieu, comme ne formant qu'une seule masse avec ses droits. Mais par suite des transactions auxquelles le droit donne lieu, la séparation s'y introduit de différentes manières.

Ou bien il y aura séparation entre la propriété et la possession, comme dans le *dépôt* et le *prêt*, ou bien l'individu se séparera de la possession et de la propriété d'un objet du droit, par un de ces actes qu'on nomme une *donation*, ou enfin, il renoncera à son droit exclusif, et le mettra en commun avec un autre individu, mais conditionnellement seulement ; d'où viennent les transactions, qu'on a nommées *contrats*.

Dans le *prêt* et le *contrat*, la modification que le droit a subie est extérieure, et ne porte pas sur le droit même, qui reste attaché à l'individu, soit simplement, soit conditionnellement. Dans la *donation*, au contraire, la modification s'accomplit dans l'intérieur du droit, par là qu'une autre volonté vient remplacer celle qui occupait l'objet ; — ce dernier reste le même à l'extérieur, quant à sa forme et à son extension.

Tous les objets du droit civil, à l'état de repos ou de mouvement, — c'est-à-dire les choses et les actions, — peuvent être compris dans les trois catégories que nous venons d'indiquer : celle du prêt, de la donation et du contrat.

Elles correspondent aux trois principales formes sociales ; — rapprochement dont on ne pourra juger qu'au chapitre où nous traitons du droit public.

Nous sommes forcé, par la nature de notre travail, de nous borner souvent à de simples indications, et d'en réserver la démonstration pour la suite. La raison en est que, quoique tous les faits sociaux apparaissent, dès l'origine de la société, ils ne sont que difficilement appréciables au commencement, parce que le mouvement dialectique qui les produit s'accomplit si rapidement, alors, qu'il ne laisse que de faibles traces.

Mais, à mesure que les idées se réalisent, c'est-à-dire s'arrêtent à certains moments, et se consolident comme institutions ou formes sociales, elles se montrent sous des traits plus marqués, et peuvent être plus facilement étudiées.

1° *Du dépôt et du prêt gratuit ou commodat.*

Si, pour motif de conservation, le propriétaire d'un objet en confiait la garde à un autre individu, à titre de dépôt, rien ne serait changé à la nature du droit. Car la possession extérieure de l'objet par un autre équivaut seulement à une simple séparation matérielle entre le propriétaire et l'objet, et ne saurait établir de droit en faveur du possesseur, aussi longtemps que sa volonté ne peut pénétrer d'une manière intime l'objet qui reste occupé par une autre volonté.

Toutefois il peut arriver que le dommage que craignait le propriétaire atteigne l'objet entre les mains du dépositaire. Mais, comme la possibilité de ce mal était présumée plus imminente sans le dépôt, il s'ensuit que, le dommage ne pouvant être attribué à cette circonstance, le dépositaire ne saurait en être rendu responsable, à moins qu'il n'y ait eu abus de confiance de sa part. En sorte que le dommage tombe à la charge du propriétaire ,tout comme si l'objet était resté sous sa propre garde.

Le dépôt a lieu par un motif d'intérêt personnel ; mais le motif contraire, celui qu'inspire l'intérêt d'un autre, peut porter l'homme à transférer à cet autre individu la possession d'un objet. Dans ce cas, il y a prêt gratuit ou commodat, et le nouveau possesseur utilise l'objet ; mais il ne peut y acquérir de droit, aussi longtemps que le propriétaire continue à l'occuper de sa volonté.

Si l'objet éprouvait quelque dommage, par suite d'accidents indépendants de la volonté de l'emprunteur, celui-ci ne saurait en être rendu responsable, si les mêmes accidents avaient pu arriver dans le cas où l'objet serait resté en possession du propriétaire. Mais si le dommage devait être considéré comme une conséquence du prêt, la responsabilité en retomberait sur l'emprunteur, par la raison que le prêteur avait eu l'intention de ne concéder que l'usage de la chose et non sa propriété.

Au genre du commodat appartient également l'assistance active qu'un individu rend gratuitement à un autre. Le droit généralement, et plus particulièrement le droit personnel, se présente, en état de mouvement, aussi bien qu'en état de repos. L'assistance active n'est autre chose que le droit personnel en état de mouvement, employé au service d'autrui ; c'est un prêt consistant en action.

Nous voyons ainsi, dans les deux cas du dépôt et du prêt gratuit, l'objet se séparer de l'individu, pour passer dans la possession d'un autre individu.

De là vient la distinction qu'il faut faire, entre les termes de *propriété* et de *possession*.

La *propriété* signifie que l'individu a un droit sur l'objet.

La *possession* veut dire qu'il n'y a pas de droit, ou que, du moins, il n'est pas pris en considération, et qu'il s'agit simplement d'un fait, du pouvoir de disposer de quelque objet du droit.

La possession est donc un fait qui peut être d'accord ou non avec le droit, — mais reste en dehors de cette question. Car même la prise de possession d'une chose sans maître n'établit pas encore de droit, vu que celui-ci ne se constitue que par un acte intelligent de la volonté.

Malgré cette différence radicale entre la possession et la propriété, elles sont souvent confondues, non-seulement dans le langage habituel, mais même dans des actes de droit civil et de droit public d'une grande importance. Si bien qu'à ce point de vue, un droit parfaitement établi pourrait être invalidé, si, conformément aux termes, il se trouvait transformé en possession.

2° *De la donation et du testament.*

La volonté de l'homme est libre de son essence, comme principe spirituel ; et, de même qu'elle s'est fixée sur l'objet, elle peut aussi s'en retirer. Si elle se retire simplement de l'objet, celui-ci se trouvera abandonné, et sera à la disposition du premier qui voudra s'en emparer. Mais si l'homme ne renonce à l'objet que dans l'intérêt d'un ou de plusieurs individus qu'il désigne plus ou moins expressément, cet acte se nomme une donation.

Comme il est dans la nature de l'homme d'attacher du prix aux droits qui lui servent de moyens pour étendre le cercle de ses facultés et de son activité, la renonciation simple n'a lieu que par suite de circonstances particulières. Aussi la donation doit-elle être considérée comme un effort, auquel l'homme se détermine uniquement dans un but de bienfaisance. Mais si l'individu en faveur duquel est fait cet acte de bienfaisance vient à ne point l'accueillir, la donation alors n'est point accomplie. Et comme la volonté du propriétaire reste dans l'objet jusqu'au moment où celle du donataire doit l'y remplacer, si ce remplacement n'avait pas lieu, l'ancien maître continue alors d'en rester propriétaire comme par le passé.

Ainsi il y a renonciation simple ou abandon de l'objet, et renonciation sous condition d'acceptation ou donation. Le premier acte s'accomplit par la renonciation seule, le second par la renonciation et l'acceptation. Cependant cette renonciation n'a de valeur que si elle reste invariable jusqu'au moment où le donataire prend possession de l'objet, puisque la donation ne saurait s'accomplir, malgré l'acceptation, si le donateur changeait d'intention avant l'occupation de l'objet par le donataire. Car ce n'est qu'au moment où l'ancien propriétaire retire effectivement sa volonté de l'objet, que le donataire peut l'occuper à son tour.

La donation ayant été accomplie devient irrévocable, toute espèce de rapport se trouvant rompu entre l'ancien propriétaire et l'objet qui lui avait appartenu, et dès lors celui-ci reste aussi fortement attaché au nouveau propriétaire qu'il l'avait été à l'ancien. Aussi la loi qui autorise la révocation de la donation pour cause d'ingratitude ne saurait être considérée que comme une disposition pénale portée contre l'ingratitude, mais non comme un corollaire résultant de la nature même de la donation. Car dès qu'une fois les liens entre l'ancien maître et l'objet ont été entièrement rompus, c'est comme s'il n'en avait jamais existé entre eux. — Quant à la loi qui permet la rétractation d'une donation à cause de survenance d'enfants, on ne peut lui assigner non plus de motif fondé dans la philosophie du droit, quoique du reste elle puisse être motivée par l'imprévoyance des hommes ou par d'autres considérations *subjectives*.

Comme on vient de le voir, la donation ne dépend pas seulement de l'acceptation du donataire, mais encore de l'invariabilité de l'intention du donateur, jusqu'au moment où elle s'accomplit définitivement.

Cependant le temps qui s'écoule entre la première manifestation de l'intention du donateur et son accomplissement peut recevoir de l'étendue : c'est-à-dire que la donation, au lieu de se faire immédiatement, peut être ajournée à une époque dont le terme sera fixé à volonté, ou dépendra d'un événement futur.

Si cet événement est celui de la mort du donateur, la donation change de nom et reçoit celui de legs ou de testament.

Dans tous ces cas, la donation ne se modifie pas essentiellement et dépend toujours de la durée des mêmes intentions ou dispositions de la part du donateur. Seulement, comme elles peuvent changer plus aisément, à mesure que le terme final se trouve prolongé, il s'ensuit que la donation future est plus susceptible de révocation que celle qui s'accomplit presque instantanément.

Cependant, quand même des engagements de ce genre, c'est-à-dire des engagements révocables, ne seraient pas obligatoires en droit, différentes circonstances peuvent les rendre moralement obligatoires, en raison surtout de l'importance que le donateur attache à sa propre dignité, qui serait compromise par des promesses illusoires ou fallacieuses.

A la mort du testateur, le principe vital qui l'a abandonné quitte en même temps les objets dont il était propriétaire; ces objets, restés sans maître, pourraient être occupés par le premier qui les saisirait; mais ils appartiendront à l'individu qui, prévenu d'avance, se trouvera en mesure de les recevoir.

Dans l'état primitif de la société, cette transition des objets s'opère immédiatement; les liens de famille tenant les hommes plus réunis, les proches et les parents se trouvent à même de recueillir les premiers l'héritage d'un des leurs. Et le culte des morts constituant un des dogmes de toutes les religions primitives, les dernières dispositions du défunt en sont d'autant plus respectées.

Dans un état social plus avancé, les lois maintiennent la vacance des objets, depuis le moment où ils se trouvent abandonnés par la mort de leur ancien propriétaire, jusqu'à celui où l'héritier les occupe; en sorte qu'ils ne peuvent être saisis dans cet intervalle par un tiers.

Si la succession n'est transmise qu'à certaines

conditions, l'héritier, en l'acceptant, est tenu d'observer ces conditions. Ce sont des restrictions comme celles qui, dans la société, existent pour tous les droits, au moins en ce qui concerne leur extension, puisque tous ils se touchent par un côté quelconque et se limitent ainsi les uns les autres.

Si le testateur jouit de la liberté de disposer de sa propriété, de l'aliéner ou d'en faire donation à volonté, il peut aussi la transmettre en l'assujettissant à certaines conditions qui constituent une modalité spéciale du droit. Nous rencontrons dans le cas dont il s'agit un droit, basé sur une condition irrévocable, puisqu'elle est l'expression d'une dernière volonté, sur laquelle il est impossible de revenir. Ce genre de droit se présente ainsi comme une exception au droit en général, par la tendance à garder la fixité, au milieu de la mobilité propre à tous les autres droits positifs. Mais ce but ne saurait être atteint; car si le droit peut être conservé, en ce qui concerne ses limites extérieures, il se modifie dans sa portée même, qui change sous l'influence de l'esprit du temps.

Les conditions irrévocables conservent ainsi la succession dans les limites de son institution primitive, et peuvent en être la cause, car le testateur aurait peut-être autrement disposé de son bien, s'il avait été empêché d'accomplir ses intentions.

L'héritier ne saurait donc rien changer à des conditions en vertu desquelles la succession lui est échue, et qui constituent le titre de son droit. S'il le faisait, son droit se trouverait entaché de violence ou de mauvaise foi, et c'est par là qu'il tomberait sous le coup de la justice. Mais l'esprit de notre époque est opposé au droit de tester à perpétuité, et dans plusieurs pays la législation le limite ou l'interdit. On y a vu un empiétement sur l'avenir, une tendance dangereuse pour l'État, mais en vérité cette modalité du droit est principalement condamnée parce qu'elle est contraire à l'esprit de nivellement qui domine de nos jours.

3° *Des contrats.*

Nous avons vu, dans le prêt gratuit, la possession se séparer de la propriété; dans la donation, le droit lui-même passer d'un individu à l'autre, mais, dans un troisième cas, le droit est mis en commun entre plusieurs individus : cette modalité du droit civil se nomme *le contrat.*

Le besoin qu'ont les hommes d'assistance mutuelle donne lieu à ces transactions, qui consistent dans un échange de droits ou d'actions.

Cet échange se fait conditionnellement ; c'est-à-dire que les parties contractantes engagent chacune un droit personnel ou réel, à titre de réciprocité.

Aucune des deux parties n'abandonne donc son droit purement et simplement ; elles l'engagent seulement à des conditions convenues.

L'obligation de tenir cet engagement repose sur le mouvement suivant de l'idée du droit :

Les individus qui pactisent ne renoncent à leur droit qu'à condition de recevoir en échange quelque autre objet de droit. Il s'ensuit qu'aucun d'eux ne s'est entièrement dessaisi de son droit, puisqu'il y tient encore par la condition mise à la cession.

D'un autre côté, aucun d'eux ne reste seul maître de son droit après y avoir admis la volonté d'un autre, quoique conditionnellement aussi. De cette manière, aucune des deux parties ne conservant de droit exclusif en ce qui concerne les objets du contrat, ils se trouvent être de propriété commune.

Si l'une des parties voulait, à elle seule, annuler le contrat, elle ne pourrait le faire qu'en sacrifiant le droit engagé, puisqu'elle ne serait pas libre de disposer, à volonté, d'une propriété qui n'est plus exclusivement la sienne.

Le contrat ne saurait donc être annulé que d'un commun accord. Autrement, ce n'est que par l'accomplissement des conditions convenues que les droits engagés se dégagent de la masse commune, et reviennent à l'état antérieur au contrat.

Tout ce qui est de droit personnel et de droit réel peut former l'objet du contrat : c'est ainsi qu'il peut y avoir un échange de droits, un échange de l'usage des objets, d'activité personnelle ou de restriction dans l'exercice d'un droit.

Les différentes combinaisons de toutes ces modalités produisent une variété de transactions qui toutes appartiennent au genre du contrat, lorsque l'avantage réciproque des deux parties y donne lieu. Tout contrat est donc essentiellement bilatéral, en sorte qu'un acte unilatéral ne saurait appartenir au genre des contrats, mais constitue une donation plus ou moins complète. Cependant le contrat, quoique bilatéral dans l'origine, peut devenir unilatéral par la suite, si l'une des parties perdait son droit par un motif quelconque, et que l'autre conservât le sien.

Comme les hommes ne peuvent se prêter réciproquement assistance que par une action quelconque, et que non-seulement l'activité proprement dite, mais encore le transport de l'usage et de la propriété de l'objet, constituent également une action, il s'ensuit que tout contrat se rapporte nécessairement à l'action.

Mais l'action doit être possible, puisque le contrat, de même que toute autre modalité du droit, est une manifestation de la volonté intelligente de l'homme ; en sorte que si cette volonté se montrait dépourvue d'intelligence, en se proposant une chose impossible, la transaction elle-même deviendrait étrangère au droit et se trouverait ainsi invalidée.

Le contrat serait également invalidé, si une des actions stipulées était contraire à la législation, puisque celle-ci s'opposerait, dans ce cas, à son exécution.

Nous ne connaissons pas d'objet de droit qui ne puisse être compris dans l'une de ces trois catégories : le prêt, la donation et le contrat. Ce qui veut dire que le droit ne présente que trois modalités principales, selon qu'il persiste, qu'il passe à un autre, ou est mis en commun. Souvent une transaction de droit n'appartient pas en entier à une seule de ces modalités, mais touche aussi aux autres; et s'il s'agissait néanmoins de la classer, on le ferait conformément au caractère distinctif qu'elle présente.

Les trois modalités principales du droit se prêtent à des subdivisions, qui constituent des groupes secondaires; ils offrent ainsi les éléments d'une classification régulière.

Nous ne saurions entreprendre une pareille tâche, attendu que cet ouvrage a plus particulièrement en vue l'ensemble des rapports sociaux que les détails de l'une de ses parties, mais nous ne croyons pas inutile de donner quelques indications sur la méthode de classification en question.

La catégorie du dépôt et du prêt gratuit comprend les transactions, où la possession seule de l'objet passe à un autre.

Dans le dépôt, ce trait distinctif se conserve dans sa pureté; dans le prêt gratuit, l'usage de l'objet s'ajoute à la possession.

Le prêt gratuit ne reste tel, qu'aussi longtemps qu'il conserve le caractère de l'assistance strictement bénévole; — un acte de bienfaisance, ou basé sur la réciprocité, n'est plus un prêt, mais une donation ou un contrat.

Pour mieux établir ce fait, nous citerons un exemple.

Une somme d'argent prêtée appartient à la catégorie du prêt gratuit aussi longtemps que l'emprunteur paye des intérêts conformes au taux établi par l'usage. Si la somme est prêtée sans intérêts, c'est un acte onéreux pour le prêteur, puisqu'il fait le sacrifice des intérêts, qu'autrement son capital lui rapporterait. Le prêt, dans ce cas, participe de la donation. Mais le prêt prendra le caractère du contrat si les conditions faites, de part et d'autre, ont été mises en balance, en sorte que la transaction se trouverait basée sur un échange d'avantages.

Nous voyons, dans cet exemple, la même transaction passer d'une catégorie à l'autre, selon le caractère distinctif qu'elle présente. Mais la même chose arrive, par l'effet seul du temps, lorsque le droit change de signification.

C'est ainsi que, dans l'histoire de tous les peuples, on rencontre une époque où l'idée du droit domine si exclusivement, que le chef est censé conserver la propriété des objets qu'il livre à la consommation des siens; mais il la perd lorsque les idées de liberté pénètrent dans la société. En sorte que le même acte, qui a la signification du prêt dans la société rudimentaire, se transforme plus tard en donation, soit librement consentie, soit imposée par les coutumes ou la législation.

La catégorie des donations présente deux grandes subdivisions, selon qu'elle est accomplie entre vivants ou à la mort du donateur.

Dans ce dernier cas, elle est volontaire ou réglée par le législateur.

Chacune de ces subdivisions présente un grand nombre de cas spéciaux, qui tantôt se distinguent les uns des autres, tantôt se rapprochent par des analogies, et constituent ainsi de nouvelles rubriques.

Mais le caractère distinctif de la donation, prise dans le sens le plus étendu, consiste dans ce fait, que le droit passe d'un individu à un autre sans qu'il y ait de compensation par réciprocité.

Celle-ci constitue le trait distinctif du contrat, qui n'existe qu'à cette condition. Car la condition de la réciprocité est aussi essentielle au contrat que celle de l'acceptation l'est dans le prêt ou dans la donation.

Si une transaction où la réciprocité manque porte le nom de contrat, elle n'est, en réalité, qu'une donation déguisée, ou un acte où l'absence de la réciprocité provient d'une erreur ou de quelque autre cause étrangère au droit.

Tous les contrats ont aussi, en commun, ce trait caractéristique, qu'ils engagent les deux parties, aussi longtemps que les conditions convenues n'ont pas été remplies.

Il résulte de cette similitude essentielle des contrats, qu'ils peuvent, à volonté, être divisés par rubriques plus ou moins nombreuses, selon qu'on a principalement en vue les objets du contrat, — sa durée, ses conditions, la personnalité des parties contractantes, l'importance de l'acte, ou quelque autre trait spécial.

La catégorie des contrats comprend le plus grand nombre des transactions qui s'accomplissent dans la sphère du droit, vu que, loin d'imposer un sacrifice aux hommes, ils ont pour but de satisfaire à leurs besoins ou à leurs désirs.

La catégorie des donations ne s'étendrait qu'à un petit nombre de cas, si elle ne se composait, principalement, de ce genre de donations que la mort a rendues inévitables.

La catégorie des prêts est peu considérable,

attendu que, pour cet acte, il n'existe pas de motif impératif comme pour la donation.

L'explication que nous donnons du droit, pris, dans le premier chapitre, à un point de vue général, et dans le second comme droit déterminé, présente la solution du problème : ce qu'est le droit. La cause de l'obscurité dans laquelle cette question est restée, vient de ce qu'on considérait le droit comme une faculté idéale, séparée de la réalité, et qu'on le cherchait dans une vague abstraction qu'on ne parvenait pas à saisir.

La faculté qui produit le droit réside, en effet, dans l'intelligence, puisqu'elle n'est qu'une manifestation de la volonté intelligente ; mais cette manifestation ne pourrait pas s'accomplir si elle restait séparée de l'élément matériel, car ce n'est que matériellement que le droit peut exister.

Le droit se constitue par le mouvement de l'intelligence vers l'objet qu'elle approprie aux besoins de l'homme, — et on peut distinguer entre ce mouvement même et le résultat qu'il produit. Ce dernier, pris séparément, est précisément le droit, — et le mouvement, pris séparément, est l'idée du droit.

L'idée est une émanation de l'intelligence, faculté distincte du principe vital. C'est pourquoi les produits de l'idée du droit se développent en conséquence des lois de la logique, et non de celles qui constituent l'existence organique.

Ils sont susceptibles de croissance et de modification, mais qui proviennent du mouvement dialectique des idées, et non de ce principe qui est la cause de la croissance et des modifications dans les créations organiques. Il n'y a pas de principe d'animation dans les productions de l'idée du droit, mais un principe intellectuel qui transforme l'élément matériel en objet de droit.

L'union de l'esprit et de la matière est évidente dans le droit personnel, puisqu'ils sont représentés par l'intelligence et le corps du même individu. Dans le droit réel aussi l'union, entre le principe intellectuel et l'élément matériel, est facile à saisir. Le principe intellectuel y est représenté par la nouvelle destination que la matière première a reçue. La nouvelle forme, ou apparence, que la matière a prise, ou tout autre signe qui lui a été imposé par la volonté de l'homme, représente l'élément matériel du droit.

La modification extérieure de l'objet étant ainsi une conséquence de la nouvelle destination qui lui a été donnée, et celle-ci n'étant perceptible que par son côté matériel, il s'ensuit que ces deux principes se lient aussi, dans le droit réel, comme cause et effet, et ne se présentent que comme les deux côtés de la même unité.

Les différents modes d'existence du droit, avec tous leurs développements et toutes leurs modifications, constituent la sphère spéciale du droit. Tout acte qui ne sort pas de cette sphère reste nécessairement conforme à l'idée du droit. Si son origine remonte à l'une des idées du droit, il doit aussi trouver sa place dans leur enchaînement. C'est là le trait caractéristique de tout fait tenant au droit, auquel on le reconnaît toujours, et dans toutes les circonstances. Si l'on aperçoit dans un fait les effets d'une autre cause que le droit, tels que ceux de la fraude ou de la violence, ce fait n'appartient plus exclusivement à la sphère du droit. Il peut y tenir encore par quelque côté, mais, d'un autre côté, ce n'est plus le droit, ou c'est un droit vicié où il s'agit de distinguer les différents éléments dont il se compose.

Non-seulement le droit présente constamment

ce trait distinctif, d'être conforme à l'idée qui l'a produit, mais il n'en possède pas d'autre. Il ne saurait avoir de qualités morales ou intellectuelles, être moral ou immoral, intelligent ou manquer d'intelligence. Le droit est ou n'est pas.

Mais il a son origine dans la volonté humaine, douée de ces qualités, en sorte que l'usage qu'on fait du droit peut être conforme aux exigences de la raison et de la morale, ou ne pas l'être.

CHAPITRE III.

LES ATTEINTES AU DROIT.

Nous nous sommes occupés jusqu'à présent de l'origine du droit et de ses différentes modifications, et il nous reste à étudier les causes qui lui portent atteinte, soit en l'invalidant, soit en mettant fin à son existence.

Parmi ces causes, les unes sont naturelles, comme l'est l'extinction de l'un des éléments dont le droit se compose, d'autres proviennent d'une erreur d'intelligence. Mais les causes qui compromettent le plus l'existence du droit sont la fraude et la force. Elles ont leur origine en dehors de la sphère du droit, et y pénètrent en attaquant ce dernier, l'une, par son côté intellectuel, et l'autre, par son côté matériel.

§ I. — De l'extinction du principe spirituel dans le droit.

Nous avons déjà dit que l'homme est libre de retirer sa volonté de l'objet qu'il a occupé.

Mais le principe intellectuel n'étant pas perceptible de lui-même, il s'ensuit que l'acte de la volonté humaine par lequel elle se serait retirée de l'objet, ne saurait être reconnu par les autres, si cet acte n'est pas rendu intelligible, ou si, du côté matériel du droit, aucune altération ne l'indique. Cette altération, du reste, ne saurait être la conséquence immédiate de la retraite du principe intellectuel, puisque les résultats matériels qu'il a produits ont quelque durée.

Le droit, privé de son principe spirituel, cesse d'exister, il est vrai, puisque l'un de ses éléments constitutifs vient à manquer; mais, aussi longtemps que rien n'est changé à son extérieur et que rien n'indique l'altération qu'il a subie, l'extinction de son principe spirituel ne peut être reconnue. Au contraire, il y a présomption en faveur de sa durée, aussi longtemps qu'on aperçoit les traces de l'activité humaine sur l'objet, puisqu'il n'est pas de la nature intelligente de l'homme d'exercer gratuitement son activité, comme ce serait le cas, s'il en abandonnait le résultat.

Mais à mesure que ces traces s'effacent, à mesure que le côté matériel du droit vient à périr également, l'extinction du droit devient évidente, puisque, dans ce cas, les deux éléments dont il se constitue ont cessé d'exister tous deux.

En jurisprudence on a donné le nom de prescription à cette cessation du droit. La prescription n'est pas, par conséquent, une mesure de législation arbitraire, calculée uniquement pour éviter des difficultés de contestation judiciaire, comme on la considère communément, mais elle est fondée sur la nature intime du droit. Elle est destinée à constater le moment où l'extinction d'un droit s'accomplit par la destruction de son élément matériel précédemment abandonné de son principe spirituel.

Mais si un autre prend soin de l'objet abandonné et empêche la détérioration, cet objet lui appartiendra en propre, à l'expiration du terme où, faute de ces soins, il aurait été complétement détruit. Car, si l'objet retombait dans son état naturel, chacun serait libre d'y acquérir le droit de première occupation, et le nouveau possesseur y ayant déjà fixé sa volonté, dans la supposition qu'il était abandonné, se trouve l'occuper le premier à cette époque.

Il est à observer, cependant, que dans les législations, et surtout dans les législations modernes, la durée de la prescription a été trop limitée, puisqu'elle devrait être proportionnée au temps où les traces du travail de l'homme s'effacent assez des objets pour qu'ils reviennent à l'état naturel où ils se trouvaient avant d'avoir subi son occupation.

Par cette même raison, la prescription est nécessairement de durée inégale, puisque des propriétés foncières, par exemple, ne retombent dans leur état inculte ou originel qu'après un laps de temps plus considérable que celui où les animaux domestiques redeviennent sauvages, et où les objets d'un travail léger se détériorent complétement.

Aussi longtemps que le fait de la conservation ou de l'abandon du droit de l'ancien propriétaire ne peut être constaté ou connu, il ne saurait être considéré comme éteint, mais seulement comme douteux. — La prescription se trouverait interrompue ainsi par toute manifestation positive et certaine de l'individu à l'égard de son droit. Et il faut reconnaître que les dispositions légales sont généralement trop restrictives, sous ce rapport, et imposent des formalités à remplir dont l'omission compromet l'existence du droit.

§ II. — De la destruction du principe matériel dans le droit.

Nous venons de voir que si le principe spirituel du droit s'éteint, il en résulte sa destruction complète. Mais le droit cesserait d'exister également si son principe matériel venait à se perdre. Un tel cas se présenterait, si, par exemple, une propriété ou un établissement quelconque était dévasté par l'eau ou le feu, de manière qu'aucune trace d'industrie humaine ne pût y être retrouvée. Si, de plus, le propriétaire ne pouvait prouver l'existence antérieure de son droit par aucun signe visible ou document représentant ce droit, il n'en resterait plus que l'élément spirituel, c'est-à-dire la volonté de l'individu de maintenir sa possession. Mais le principe spirituel n'étant pas perceptible aux autres hommes dans son abstraction, il ne saurait être reconnu par eux.

Le témoignage d'autres hommes et des preuves particulières pourraient bien mettre en évidence le droit de l'ancien propriétaire; mais ces circonstances fortuites sont extérieures et ne découlent pas du droit lui-même.

De cette manière, le lieu où l'établissement existait se trouvera en état de disponibilité, et sera susceptible d'une nouvelle occupation. Et c'est ainsi que la perte de l'élément matériel du droit en amène aussi bien la destruction complète que le fait l'extinction de son élément spirituel.

§ III. — De l'erreur.

En disposant ou en faisant usage de son droit, l'homme peut être induit en erreur par un défaut de jugement.

Si, par erreur, il s'était désisté de son droit, le fait resterait irrévocable de sa part, car une fois qu'il aurait retiré sa volonté de l'objet, pour y admettre celle d'un autre, il ne pourrait plus rentrer dans son droit. Il en serait de même si, par erreur, il avait contracté un engagement défavorable, puisque, dans ce cas, l'objet de son droit se trouverait mis en commun.

Les effets de l'erreur amènent ainsi la perte du droit, mais ne sont que la conséquence du libre arbitre dont l'homme est doué, et restent dans la sphère du droit.

Des considérations d'utilité pratique viennent à l'appui des conséquences tirées de l'idée du droit. La sûreté des transactions exige qu'aucune des parties ne puisse, de sa propre autorité, rétracter pour cause d'erreur un fait accompli dans les voies du droit, puisqu'il est difficile d'apprécier une cause souvent insaisissable, et que, de plus, ce serait fournir un prétexte pour revenir sur toute sorte de transactions.

Mais, pour restreindre le nombre des cas où ces méprises pourraient devenir funestes, les législations de tous les peuples n'admettent comme valables que les actions de l'individu dont la raison a acquis un entier développement et se trouve dans son état normal de lucidité.

§ IV. — De la fraude.

Toutes les modifications, les atteintes même que jusqu'ici nous avons vu subir au droit, proviennent de différents motifs qui exercent de l'influence sur la volonté de l'homme, mais ont leur source dans la sphère du droit.

Nous venons de voir les effets de l'erreur commise par l'individu lui-même ; mais l'erreur peut avoir été causée par un autre individu, à l'aide de faits faussement présentés.

Ce genre d'erreur se nomme fraude, faux ou dol, en jurisprudence.

Deux intelligences se trouvent en présence, dont l'une fait usage du faux, ou de suggestions mensongères, pour induire l'autre à un acte dont elle n'a pas l'entière conscience. L'individu pénètre ainsi dans le droit d'autrui par une infraction aux règles de la morale. En sorte que la fraude porte le caractère d'une atteinte à la morale, bien plus que celui d'un avantage remporté sur l'intelligence d'un autre, — et c'est par cette raison qu'on la qualifie le mieux par l'expression de *violence morale*.

L'individu, évincé par la fraude de son droit,

voudra y rentrer. S'il avait recours aux mêmes moyens qui ont été mis en usage contre lui, ce ne serait qu'une rétorsion, résultant de l'idée de la justice. Si bien que le même acte, qui par rapport à l'individu lésé constitue une fraude, n'a pas ce caractère lorsqu'il sert de rétorsion.

Mais les moyens cauteleux, même à titre de représailles, répugnent à l'homme qui a le sentiment de sa dignité, et seraient répréhensibles au point de vue de la morale. D'ailleurs, s'ils dépassaient la mesure, ils prendraient à leur tour le caractère de la fraude. C'est pourquoi la pratique de ce genre de rétorsion ne saurait être tolérée par la société, qui seule se trouve dans les conditions nécessaires pour apprécier impartialement toute atteinte portée au droit.

§ V. — De la force.

Les motifs contraires au droit, que nous venons de passer en revue, n'exercent leurs effets que dans une mesure restreinte. Généralement, avec de la sagesse et de la prévoyance, l'homme peut les éviter. Il n'en est pas de même de la force, qui ne peut être contenue que par une autre force.

Sous ce nom, on comprend l'ensemble des moyens propres à produire des effets physiques, dont la nature a doué l'homme, et que par son intelligence il augmente et perfectionne. A ce point de vue, la force n'est que la faculté d'exercer un droit personnel ou réel; faculté qui ne se sépare pas du droit aussi longtemps qu'elle reste dans sa sphère et subit le contrôle de l'intelligence. Mais lorsqu'elle lui échappe, elle n'a plus que l'arbitraire pour mobile, et par son impulsion déréglée vient se heurter contre le droit.

Ainsi il y a la force réglée qui, mise en mouvement, n'est que l'exercice du droit, et la force déréglée qu'on nomme *violence*.

Le terme *force* a toujours cette dernière signification, lorsqu'on le prend par opposition au droit.

Dans la société régulièrement constituée, il n'est pas permis de faire un usage arbitraire de la force; elle ne peut être exercée que dans les limites du droit.

Mais la force publique peut être insuffisante pour contenir le débordement des forces individuelles, ou bien la société elle-même a recours à la force contre une autre société. Dans ce cas, le mouvement de toutes les idées sociales, de celles du droit comme de celles de la liberté, s'arrête; — la force physique se met à leur place, et devient ainsi la seule règle des rapports sociaux.

Il y a eu même des peuples primitifs qui s'en remettaient à la décision de la force pour savoir si, dans l'union conjugale, l'autorité appartiendra à l'homme ou à la femme [1].

Cependant violence peut être faite à son prochain, non-seulement par un empiétement direct sur son droit, mais encore par le simple exercice de son propre droit.

En effet, l'exercice du droit ne saurait aller jusqu'à permettre à l'individu de détruire un édifice qui lui appartiendrait, si, en opérant cette destruction à l'aide de moyens violents, il devait en résulter du danger pour les édifices attenants et pour les personnes des voisins.

Si les eaux coulant à travers une propriété étaient détournées de leur cours ou arrêtées, la propriété voisine supérieure pourrait en être

[1] Le passage suivant d'Ellien, que cite Pufendorf, fournit un exemple de ce dernier cas. « Si quis (de Saxis) puellam uxorem ducere cupit, pugnam cum eam suscipit, et si illa superior sit captivum abducit atque imperium in eum tenet, sin inferior regitur ab ipso. »

submergée, et la propriété inférieure rendue stérile, faute d'irrigation.

Le défrichement des terres s'opère, dans quelques contrées, à l'aide du feu; cependant le feu, mis aux herbes ou aux bois d'une propriété, pourrait gagner les propriétés voisines. Dans ce cas encore, il y aurait danger ou dommage pour les personnes et les biens à portée, résultant du simple exercice illimité du droit.

Il s'ensuit qu'il est dans la nature du droit de rester constamment subordonné à l'intelligence, non-seulement en se constituant, mais aussi dans l'usage qu'on en fait.

L'homme ne peut exercer son activité en pleine liberté que là où il est placé dans des conditions d'isolement. Dans la société, cette activité est contenue par le contact avec les personnes et les droits d'autrui.

Les actes de violence peuvent rester isolés, ou être pratiqués constamment. Dans ce dernier cas, la force aurait été admise comme mobile des actions. Son emploi intelligent consisterait dans le calcul sur les moyens à mettre en usage, dans un cas donné, et sur les chances de réussir.

Par l'admission d'un pareil mobile comme règle des actions, tout principe intellectuel ou moral se trouverait écarté, puisque, au lieu des conséquences et des produits d'idées, on n'admettrait que ceux de la force physique.

CHAPITRE IV.

LA JUSTICE.

---

§ I. — De l'idée de la justice.

L'idée du droit se présente à deux modes.

Ou bien l'homme tient exclusivement à son droit, d'où suit que les liens du droit acquièrent une grande consistance. Ils persistent, quelles que soient les conditions extérieures où l'objet auquel ils se rapportent se trouve placé. A ce point de vue, ils sont censés persister, quand même l'objet, en passant à un autre individu, se transformerait dans la substance de ce dernier.

Ce mode de l'idée du droit se nomme l'*idée de l'autorité*.

L'autre mode du droit se constitue, lorsque

l'homme acquiert la conscience que son semblable est d'une valeur égale à la sienne. L'idée du droit ainsi modifiée est l'*idée de justice.*

Nous nous occuperons d'abord de celle-ci, et reviendrons ensuite au mouvement de l'idée du droit, qui mène à l'autorité.

L'idée de l'égale valeur des hommes n'arrive à leur conscience que lentement, par un développement moral et intellectuel, qui ne s'accomplit qu'à la suite d'une longue succession d'observations et de conclusions; l'ensemble de ce mouvement constitue ce qu'on nomme la civilisation.

Ce n'est que par exception qu'on pourrait trouver l'idée de la justice généralement admise et pratiquée, dans une société, dès son origine; il faudrait pour cela qu'elle se fût composée d'individus parmi lesquels les idées sociales, tant du droit que de la liberté, eussent pris un développement considérable. Dans les commencements de la société, on voit, au contraire, l'idée seule du droit se développer. Le droit individuel du chef acquiert alors une extension qui absorbe les droits des autres, ou plutôt ne leur laisse pas suffisamment de latitude pour se constituer.

Dans quelques sociétés, cette manière de voir ne s'est pas modifiée, depuis l'époque où elles apparaissent dans l'histoire; d'autres sociétés arrivent, avec le temps, à la conscience que tous les hommes sont doués d'un principe spirituel de même essence, et qu'à ce point de vue, ils sont tous d'égale valeur.

L'idée de la justice n'est ainsi autre chose que celle du droit à un second degré de développement. L'idée du droit s'arrête à la supériorité de l'intelligence humaine sur la matière et sur les autres créations terrestres. Mais lorsque l'homme reconnaît la même supériorité dans son semblable, il arrive à l'idée de la justice. Dès lors la vague idée de supériorité se trouve déterminée, puisqu'en admettant d'autres supériorités distinctes de la sienne, celle-ci cesse d'être illimitée.

L'idée de la justice consistant dans la reconnaissance de la même valeur spirituelle en tout homme, les manifestations de cette spiritualité, les actions des hommes, doivent également avoir la même valeur, conformément à la justice. — L'action n'est autre chose que le mouvement imprimé au corps humain par la volonté qui l'anime. Et le corps humain étant, sous le point de vue où nous l'avons considéré jusqu'à présent, un droit personnel auquel les droits réels donnent une plus grande extension, l'égale valeur des actions signifie l'égale qualification de tout individu d'exercer ses droits.

Il s'ensuit que lorsqu'une individualité, par l'extension qu'elle prend ou par l'exercice de ses droits personnels ou réels, vient à se trouver en contact avec une autre sphère de droits individuels, la justice l'empêche de franchir cette sphère en usant de force, parce qu'un empiétement sur la personnalité étrangère serait contradictoire avec l'idée de leur égale valeur. Le mouvement qui résulte de l'exercice des facultés humaines est maintenu de la sorte dans certaines limites, et la justice fait respecter ces limites à l'individu, quand même ses passions et ses désirs le tenteraient de les dépasser.

C'est ainsi que l'idée de la justice tient constamment en échec les débordements de la passion et de la force brutale, qui porteraient à méconnaître le droit étranger.

§ II. — Des différentes modalités de l'idée de la justice.

Aussi longtemps que la justice n'existe qu'à l'état d'idée, dont l'individu acquiert une perception plus ou moins claire, elle reste subjective, c'est-à-dire telle que l'individu la comprend.

Pour que, dans ces conditions, l'idée de la justice parvienne à produire des effets généraux dans la société, il faudrait que tous la comprissent de même, et qu'ils eussent tous la bonne volonté de s'y conformer. Or il est constaté par la réalité qu'il serait impossible d'abandonner à l'appréciation d'un chacun l'interprétation et la pratique de la justice, sans qu'il en résulte l'anarchie.

L'expérience a donc démontré la nécessité que ce soit la société elle-même qui se charge de la tâche de fixer la signification de l'idée de la justice; ce qu'elle accomplit à l'aide de la *législation*.

Il faut ensuite qu'elle en fasse l'application à chaque cas spécial, ce qui s'obtient à l'aide des *institutions judiciaires*, qu'en langage habituel on nomme simplement *la justice*. — Pris ainsi, ce terme signifie la justice pratiquée ou exercée réellement.

Les fonctions législatives et judiciaires sont exercées par l'autorité publique. Car, quoique l'idée de la justice soit distincte de celle de l'autorité, ainsi que nous l'avons déjà fait observer, elle ne saurait néanmoins se réaliser, en théorie, comme législation, et en pratique, comme cours judiciaires, autrement que par l'intermédiaire de l'autorité.

Mais les institutions sociales, alors même qu'elles en auraient la tendance, ne sauraient réaliser les idées de la justice, en ce qui concerne tous les cas de la vie; elles laissent des lacunes, où les actions ne sont pas soumises à quelque règle obligatoire. L'individu qui, dans ces cas, se guiderait par l'idée de la justice, pratiquerait une vertu; en sorte que la justice, librement exercée, passe de la sphère du droit dans celle de la morale.

Il n'est pas nécessaire, d'ailleurs, d'arriver à l'intelligence complète d'une idée pour agir en conséquence. Car les idées réalisées se font connaître suffisamment par leurs effets extérieurs, pour qu'on en puisse saisir la signification essentielle. C'est ainsi que tout le monde comprend que, pour être juste, il faut tenir compte de la personnalité d'autrui, et qu'on pratique ce principe, lorsqu'on s'abstient d'empiéter sur le droit étranger.

Ces deux propositions reproduisent précisément, en termes intelligibles pour tous, le véritable sens de l'idée de la justice. Car elles correspondent à ses deux côtés : à celui qui a pour base l'égale valeur spirituelle des hommes, et à celui qui est la conséquence de ce principe, le respect du droit d'autrui, dans les limites où il s'est constitué.

La première de ces propositions se rapporte au principe spirituel dont l'homme est doué, et la seconde à sa personnalité extérieure, telle qu'elle se présente au point de vue du droit.

A mesure que l'idée de la justice prend du développement, chacun de ces côtés devient plus apparent ; nous les étudierons séparément sous le titre d'*équité* et de *justice matérielle.*

De l'égale valeur spirituelle des hommes, il suit qu'aucun d'eux ne saurait s'attribuer l'usage exclusif d'un principe, mais que, s'il en a adopté un, les autres peuvent en faire autant, au moins en ce qui le concerne. C'est ainsi que toute action justifie d'avance la rétorsion du mal par le mal, et amène, comme conséquence ultérieure, la rétribution du bien par le bien.

Le produit de ce mouvement de l'idée de la justice se nomme la *justice distributive.*

Les différents modes de l'idée de la justice

peuvent, conformément à ce qui précède, se résumer ainsi :

L'idée de la justice se présente d'abord, en théorie, comme *législation*, et dans l'application, comme *institutions judiciaires*. On y distingue deux côtés, dont l'un constitue l'*équité*, et l'autre, la *justice matérielle ;* enfin, par un développement subséquent, l'idée de la justice produit celle de la *justice distributive*.

§ III. — Des coutumes et des lois.

Dans la société où les droits des individus se touchent sur tous les points, il résulte de l'exercice de ces droits des complications et des collisions qu'augmente encore la tendance innée à l'homme de s'étendre et d'agrandir le cercle de ses attributions. De tout temps, l'intelligence humaine s'est appliquée à prévenir ces collisions, qui menacent toute société de dissolution ou d'anarchie, en maintenant les actions individuelles dans un certain ordre qui leur accorde de la latitude, tout en évitant la confusion.

A cet effet, on établit des règles valables pour tous. Elles pourraient n'avoir d'autre but que celui de maintenir un certain ordre extérieur, comme ces règles que, dans une société avancée en civilisation, on comprend sous le nom de règles ou de règlements de police ou d'administration, où comme ces statuts établis pour les corps ou corporations militaires, ecclésiastiques, d'arts et de métiers. Dans ce cas, elles n'auraient que la signification que lui aurait donnée le pouvoir législatif. Sans base objective, ces règles seraient sujettes à changer avec la volonté dont elles émanent, mais ne peuvent comprendre que forcément les rapports compliqués qui se forment sur la base du droit.

Ceux-ci sont le produit objectif des idées, dont le mouvement est indépendant de toute vue ou de toute considération personnelle. En sorte que, pour établir des règles qui s'appliquent logiquement à tous les rapports sociaux, il faudrait avoir rencontré le mouvement dialectique qui les a produits.

Il s'agirait donc de trouver un principe qui comprenne tous les rapports sociaux et toutes les actions auxquelles ils donnent lieu. Or l'idée de la justice touche à toutes les actions qui appartiennent à la sphère du droit, puisqu'elle-même n'est autre chose qu'une des phases de cette idée.

Le principe constitutif de l'idée de la justice, l'égalité spirituelle des hommes, ne saurait néanmoins, résumée ainsi comme simple formule générale, servir de règle aux actions des hommes. Mais ce principe donne naissance à un grand nombre d'idées secondaires et de prescriptions qui, sous le nom de lois et de règlements, s'appliquent à tous les cas de la vie.

D'où suit que la législation ne reproduit, d'une manière plus ou moins parfaite, l'idée de la justice, qu'à mesure qu'elle a pris assez de développement pour que le législateur en ait la conscience.

Dans cet ensemble de lois et de règlements qui compose la sphère de la justice, on remarque deux directions principales. L'une se rapporte au droit et à son exercice, — l'autre a pour but de préserver le droit de toute violence morale ou physique. La première de ces divisions constitue la législation civile, la seconde, la législation criminelle.

Toutes les actions comprises dans ces deux divisions sont coordonnées et subordonnées les unes aux autres, ensuite classifiées par rubriques, pour être soumises à des règles uniformes.

L'idée de la justice acquiert ainsi une existence tout objective, susceptible de développement progressif ou de décadence, que caractérise parfaitement l'ancienne expression *corps de lois*, consacrée par des siècles d'usage.

L'homme a des besoins intellectuels et corporels qui se renouvellent constamment ; d'autres qui ne se manifestent qu'à mesure que son organisme se développe. Le moment où ces besoins se font sentir, ou celui dans lequel il y est satisfait, ayant plus ou moins d'importance à ses yeux, il lui est naturel de vouloir le signaler par un acte solennel, religieux ou symbolique. Telle est l'origine des cérémonies observées par les hommes, soit pour les actions de leur vie journalière : par exemple, le repas, le lever, le coucher, etc.; soit pour celles qui reviennent à des époques fixes de l'année, comme récoltes, semailles, etc. ; enfin pour les principaux événements de la vie, son commencement, sa fin, le mariage, le choix d'un état, etc. Il est indifférent de quelle manière ces actions et toutes celles de la vie commune s'accomplissent lorsqu'elles restent inoffensives, et à cet égard l'homme n'a d'autre principe à suivre que sa convenance et les exigences des circonstances, des localités et du climat. Mais ayant appris, dès son enfance, à se mouvoir dans un certain ordre qui lui a servi de règle de conduite, il le préfère à tout autre, puisque l'observation de cet ordre ne lui coûte plus aucun effort.

Ces règles de conduite se nomment coutumes, et l'ensemble des coutumes, comme habitudes suivies, se nomme mœurs.

A mesure que le mouvement de la vie sociale amène des cas nouveaux ou plus compliqués, de nouveaux préceptes aussi deviennent nécessaires. On leur donne le nom de lois, aussi longtemps que les cas auxquels ils se rapportent se présentent isolément; mais si ces cas passent en habitude, les lois deviennent coutumières. Les lois ne se distinguent donc des coutumes que parce qu'elles se rapportent à des actions qui arrivent moins fréquemment, distinction peu essentielle, puisqu'elle n'a aucune limite déterminée.

C'est ainsi qu'on voit les coutumes se développer à mesure que les mêmes actions deviennent plus fréquentes, et prendre même l'apparence d'une législation complète[1]. Lorsque ce cas ar-

[1] « In England beruht das neuste *Common-law*, im Gegensatze von *Statute-law*, auf Gewohnheit. » (*Lehrbuch des Naturrechts*, v. Prof. Hugo, S. 12.)

rive dans une société où l'art d'écrire est ignoré ou peu répandu, les coutumes sont quelquefois mises en vers, pour être retenues plus facile ment [1]. Il suit de ce que nous venons de dire que les actions qui n'arrivent pas souvent ou d'une manière uniforme sont les seules qui ne puissent pas passer en coutumes. Les coutumes ont, par cette raison, plus de stabilité que les lois [2] ; car les habitudes de la vie journalière, produisant une réaction immanquable sur les penchants et le caractère de l'homme, se lient par là à son existence elle-même.

La régularité dans les actions journalières faisant place à plus d'abandon, à une liberté plus grande, les mœurs s'effacent, et les lois seules restent comme règles de conduite. La législation s'efforce alors de suppléer à l'absence des mœurs par des dispositions d'autant plus détaillées.

Lorsqu'une loi se trouve exprimée d'une ma-

[1] On sait que plusieurs peuples ont pratiqué cet usage. Marchangy raconte que dans différentes contrées de la France de tels vers étaient publiquement récités par des vieillards, encore au XIVe siècle.

[2] « Un peuple connaît, aime et défend toujours plus ses mœurs que ses lois. » (*De l'Esprit des Lois*, par MONTESQUIEU, t. I, p. 286.)

nière imparfaite ou contradictoire, il reste à l'éclaircir. La loi, de même que toute autre incorporation de l'esprit, ayant un côté spirituel et un côté matériel, ce dernier représenté par le langage ou l'écriture, on peut, pour l'interpréter, s'en tenir à l'un ou à l'autre de ces deux côtés; et de tout temps il y a eu différence d'opinion parmi les légistes sur le point de savoir auquel la préférence doit être accordée.

La matière et l'esprit de la loi ont chacun leur valeur relative; car si des paroles ou des lettres n'ont de signification que par le sens qu'elles expriment, celui-ci, d'un autre côté, ne saurait se manifester qu'à l'aide de l'expression. Nous avons déjà montré que la loi, dans son sens le plus élevé, est la réalisation de l'idée de la justice. Mais quand même elle ne l'aurait pas réalisée d'une manière parfaite, elle n'en resterait pas moins obligatoire, par la raison que les lois, comme règle de conduite positive et objective, contiennent toujours plus de garanties de généralité que la justice subjective seule, qui n'est qu'une manière de voir entièrement individuelle.

Par analogie de motifs, il faudrait reconnaître la même supériorité à la lettre de la loi, si elle se trouvait en contradiction avec le sens général, puisque la valeur objective de la lettre est plus positive, et moins sujette à contestation que l'interprétation subjective d'un sens abstrait.

Il résulterait sans doute de ce que nous venons de dire, que l'esprit, loin de maintenir sa valeur à l'égard de la matière, lui serait, au contraire, subordonné. Mais, quoique les garanties sociales se trouvassent ainsi matérialisées, elles n'en conserveraient pas moins le caractère de l'*objectivité*, qu'une interprétation uniquement subjective ne saurait revendiquer.

En s'arrêtant donc à l'une ou à l'autre de ces alternatives, on arrive également à l'imperfection. Et cependant on est forcé de l'accepter, comme la conséquence inséparable d'une autre imperfection, celle de la loi.

Du reste, ce qui précède s'applique également à la donation, au contrat et à toute autre manifestation de la volonté humaine, où l'esprit et la lettre se trouvent en contradiction.

Mais s'il y a divergence d'opinions sur cette question, tous les publicistes, au contraire, sont d'avis qu'on ne doit pas donner aux lois un effet rétroactif [1]. Cette question doit être appré-

[1] Les empereurs Constantin et Justinien se sont écartés de cette règle; Justinien, voulant cependant en apparence s'y con-

ciée à deux points de vue différents. Au premier, on arrive aux conclusions suivantes :

Si les lois étaient la réalisation véritable de l'idée de la justice, non-seulement elles pourraient, mais elles devraient réagir sur les actions passées. L'idée de justice réglant toutes les actions de droit, elles devraient embrasser toutes celles du présent, du passé et de l'avenir. Mais comme les lois ne réalisent pas l'idée de la justice d'une manière parfaite, et servent souvent de moyen à des vues de parti ou à l'intérêt personnel, elles pourraient être d'autant plus arbitraires et oppressives que, au lieu de servir

former, ordonna que les novelles à effet rétroactif fussent censées avoir été promulguées à une époque antérieure (voyez les novelles 118, c. 6, et 127, c. 1).

Lord *Bacon* justifie à certains égards la rétroaction des lois : « Igitur in casibus fraudis et evasionis dolosæ, justum est ut leges retrospiciant, atque alteræ alteris in subsidiis sint ; ut qui dolos meditatur et eversionem legum præsentium, saltem a futuris metuat. » (Tractatus de dignitate et augmentis scientiarum, Londini, 1638, p. 278). — « Leges quæ actorum et instrumentorum veras intentiones contra formularum aut solennitatum defectus roborant et confirmant rectissime præterita complectuntur. » (*Id.*, p. 279). Lord Bacon observe, à cette occasion, avec beaucoup de justesse : « Lex declaratoria omnis, licet non habeat verba de præterito, tamen ad præterita ipsa vi declarationis omnino trahitur. Non enim tum incipit interpretatio cum declaratur, sed efficitur tanquam contemporanea ipsi legi. »

seulement de règle pour l'avenir, elles réagiraient sur le passé. Et c'est l'évidence de cet abus possible qui a rallié toutes les opinions à cette maxime, qu'aucun effet rétroactif ne saurait être concédé à la législation.

Néanmoins ce point de vue, avec ses deux alternatives, n'embrasse pas toute la question.

A un point de vue plus élevé, elle se présente autrement. Comme la justice n'a d'autre but que celui de préserver le droit dans son intégrité, c'est-à-dire dans les limites où il s'est constitué, elle doit se modifier à mesure que les limites du droit changent, qu'elles s'élargissent ou se rétrécissent, selon l'esprit de chaque époque. Il résulte de là que, si l'effet d'une loi était reporté à une époque où les idées sur le droit, et par conséquent sur la justice, étaient différentes, cet effet rétroactif serait contraire à l'esprit du droit et de la justice de cette époque. En d'autres termes, une loi juste à une époque devient injuste à une autre. Ce point de vue domine le premier, puisqu'il est indiqué par l'idée de la justice prise dans sa totalité.

Celle-ci ne reste pas plus immuable que l'idée du droit ; elle change avec cette dernière, mais par un mouvement lent et presque impercepttible, que produit le travail intellectuel d'une suite de générations. On n'y aperçoit pas de changement à de courtes distances, mais la comparaison la plus superficielle du droit et de la justice d'époques éloignées l'une de l'autre met en évidence les changements qu'ils ont subis.

Il s'ensuit que si l'on peut, en se plaçant au premier point de vue, soutenir que, logiquement, les lois devraient avoir un effet rétroactif, on doit rejeter cette conclusion du second point de vue, — lorsqu'il s'agit d'époques éloignées l'une de l'autre. En sorte qu'on ne peut l'admettre qu'en ce qui concerne le droit et la justice d'époques suffisamment rapprochées pour qu'ils n'aient pas encore subi de modifications sensibles.

Les coutumes et les lois se rapportant à des actions effectivement arrivées dans une société sont l'expression de sa vie réelle, sous le rapport du droit, et pourraient survivre au peuple lui-même, comme tout autre monument historique.

L'idée de la justice étant sujette à modifications, les législations en suivent les variations, si elles ont la tendance de réaliser cette idée. C'est ainsi que la législation de chaque peuple est différente des autres législations, et différente d'elle-même, à mesure que les idées du peuple subissent un changement. La législation d'un peuple quelconque ne pourrait donc être appliquée indifféremment à tout autre peuple, à moins que leur droit ne se fût assimilé. Mais il arrive que la régularité d'un système de jurisprudence, la suite et la filiation de ses corollaires éblouissent l'esprit et entraînent à l'imitation. Et alors on perd de vue que cette législation, si régulière et si logique, peut être contraire à la nature humaine, si elle fait abstraction de l'un de ses éléments constitutifs, le principe spirituel ou le principe matériel ; et nous allons montrer qu'aucune perfection de système ne saurait compenser l'imperfection de ce développement unilatéral de la législation.

§ IV. — De l'équité.

Nous avons vu, dans l'idée de la justice, se produire deux idées dérivées, dans l'une desquelles prépondère l'esprit, et dans l'autre l'élément matériel : l'une ayant pour principe l'égale valeur spirituelle des hommes, l'autre, l'égale valeur du droit, quelle que soit l'étendue des limites où il s'est constitué.

Ces deux idées sont liées comme le sont les

deux côtés de la justice auxquels elles se rapportent; cependant l'esprit humain peut s'attacher à l'un de ces côtés séparément, en faisant abstraction de l'autre. Lorsque l'homme ne considère que son côté spirituel, qu'il retrouve identique dans son semblable, il en infère qu'ils ont une égale valeur sous ce rapport. Mais cette valeur, uniquement spirituelle, n'est pas susceptible d'être mesurée, ni évaluée matériellement, à cause de sa spiritualité même qui échappe à l'appréciation matérielle. La spiritualité qui se trouve dans un être humain est de même essence que celle qui anime les autres et a la même valeur dans chaque sphère individuelle. C'est dans ce sens qu'il y a égalité. — Il faut donc entendre par égalité spirituelle une autre égalité que l'égalité matérielle subordonnée à la mesure. Et il s'ensuit que celle-ci ne saurait être étendue que forcément au principe spirituel.

Si, néanmoins, l'égale valeur spirituelle est réduite à une égalité matérielle, cette égalité, dans son application aux rapports sociaux, se nomme équité.

Conformément à l'idée de la justice, tous les hommes sont considérés comme des unités d'une parfaite égalité spirituelle, égalité d'où résulte une égale qualité pour tout être humain d'exercer la domination sur la matière et de l'utiliser selon ses besoins. Mais en assurant à tout individu le libre exercice et l'extension infinie de ses facultés et de ses droits, la justice arrive à l'inégalité matérielle, et son essence consiste précisément à faire respecter cette inégalité. De cette manière l'équité se distingue de la justice en ce qu'elle n'arrive pas jusqu'à l'inégalité matérielle, et en reste à l'égalité matérielle, qu'elle assimile à l'égale valeur spirituelle des hommes.

L'équité ne trouve ainsi d'application que lorsque la valeur spirituelle de la nature humaine est prise en considération séparément, et que, d'un autre côté, l'égalité de ce principe spirituel entre individus ou entre réunions d'individus a été imperceptiblement assimilée à l'égalité matérielle.

L'équité peut donc servir de règle lorsqu'il y a conflit de droits incertains, auxquels la justice ne saurait être appliquée, à cause de leur état vague ou obscur, et surtout s'il s'agissait d'une répartition d'objets, ou d'une conciliation d'intérêts, en l'absence de tout droit positif. Dans ce cas, l'équité peut suppléer à la justice, puisqu'alors il n'existe pas d'obstacle à supposer l'égalité matérielle des hommes.

En restant dans les bornes déterminées par ces cas spéciaux, l'équité peut servir de complément à la justice et éloigner la violence des rapports sociaux. Mais dès qu'elle dépasse ces limites, dès que l'égalité matérielle des hommes est érigée en principe général, auquel doit se conformer la mesure des facultés et des droits dévolus à chaque individu, c'est par l'équité même que la violence s'introduira dans la société.

En réduisant le côté matériel de l'homme, nécessairement inégal, à une égalité supposée, la nature humaine se trouve faussée; on fait violence à son principe matériel, et on méconnaît la supériorité de son principe spirituel : on fait violence à la nature matérielle de l'homme, puisqu'on ne respecte plus les liens du droit par lesquels il s'attache les objets nécessaires à son existence; et en brisant les liens du droit, on méconnaît la supériorité de l'esprit sur la matière, puisque le droit lui-même n'est que le résultat de cette supériorité.

C'est ainsi que l'équité se place en opposition avec la justice, aussitôt qu'elle s'efforce de réaliser son idée dans un état social où des droits inégaux existeraient déjà. Elle se met de plus en contradiction avec elle-même, en supposant que l'égalité matérielle des droits est une conséquence de l'égale valeur du principe intellectuel dans chaque individu humain, puisque celle-ci amène au contraire, comme conséquence inévitable, l'inégalité des droits.

§ V. — De la justice matérielle.

L'équité étant ainsi le résultat de l'isolement de l'un des côtés de la justice, l'autre côté, celui qui se rapporte à la matière du droit, peut également être pris séparément.

Lorsque abstraction est faite du principe spirituel des hommes, ils n'ont plus qu'une valeur matérielle les uns à l'égard des autres. Et comme leur côté matériel, surtout lorsqu'il a pris une extension considérable par l'acquisition de droits, présente une grande inégalité, il s'ensuivra que la valeur réciproque des hommes deviendra inégale.

Le droit alors se présente sous un autre point de vue. Il ne saurait être considéré plus longtemps comme un résultat de la supériorité de l'esprit sur la matière, puisque le principe spirituel lui-même a été complétement écarté. Mais il sera considéré comme la conséquence d'un fait, d'une prise de possession qui n'aura d'autre garantie que celle de la force individuelle ou publique.

Dans un tel état de choses le principe matériel devenant la base unique de tous les rapports sociaux, ceux-ci se matérialisent ; et on est forcé alors de suppléer à l'absence du principe spirituel par des formes multipliées qui s'étendent à tous les cas de la vie.

Cependant ces formes matérielles finissent par pétrifier l'homme à force de le circonscrire. La preuve la plus évidente de cette assertion nous est fournie par la jurisprudence des Romains, de ce peuple éminemment matérialiste, qui, incapable de concevoir la spiritualité, réduisait tout à une expression matérielle.

C'est ainsi que, voulant déterminer au juste la portée de l'autorité paternelle, ils tombèrent dans les plus monstrueuses conceptions : l'enfant n'était pour eux qu'une production du père, que, comme telle, celui-ci était libre d'aliéner ou de détruire, tout comme un objet inanimé. Si au moins la conséquence si vantée de leurs corollaires juridiques ne se fût pas démentie, il aurait dû être statué que le fils ne pouvait plus retomber au pouvoir du père, lorsque, après avoir été vendu par ce dernier, il aurait acquis la liberté. Car, en considérant le fils comme une chose, ils auraient dû lui en accorder aussi les propriétés passives, comme celle qu'ont les choses de ne pas retomber d'elles-mêmes au pouvoir de leur premier maître, lorsqu'une fois il les a aliénées. Mais les jurisconsultes romains ont commis cette inconséquence, parce qu'ils ont été forcés de reconnaître qu'il existe entre le père et le fils des liens de sentiment assez forts pour résister au traitement le plus dur, et pour ramener auprès du père le fils qu'il aurait vendu. Ils ont encore voulu déterminer la force de ces liens d'une manière positive, et ont supposé qu'ils ne pouvaient se rompre que lorsque le fils aurait subi trois fois l'outrage de ce traitement.

C'est ainsi que la plus grande conséquence des lois romaines consiste dans la sévérité de leur abstraction matérielle.

La conséquence, considérée en elle-même, n'est nullement la plus éminente des facultés de la raison humaine; elle en représente la marche, le mouvement extérieur; mais elle n'est rien sans l'idée, qui est son principe moteur. Il s'agit donc de savoir si l'idée est vraie; car ses résultats seront nécessairement conséquents, si d'autres considérations ne viennent pas en interrompre le développement naturel. Ces considérations, qui entravent ainsi la filiation des idées, ont leur source dans les mouvements de la nature humaine, bons ou mauvais, et peuvent être comprimées par une volonté forte. Les Romains possédaient cette force, et c'est ainsi que leurs anciennes lois statuaient, d'une manière parfaitement logique, que le débiteur insolvable pouvait être mis en pièces par ses créanciers, en raison de la quote-part de chacun. Mais ils commirent une inconséquence en ajoutant cette clause d'une barbarie raffinée, que quand même l'un des créanciers aurait coupé un morceau plus considérable que celui qui lui revenait légalement, il n'en serait pas responsable.

Il était logique que les légistes romains permissent de partager l'homme comme une chose, puisqu'ils n'avaient égard qu'à son côté matériel ; ils voyaient la propriété du créancier passer au débiteur, satisfaire à ses besoins, et se transformer par l'usage en sa propre substance, sans que le créancier eût reçu l'équivalent de cette propriété. Ils lui permirent donc de la reprendre, quoiqu'elle fût devenue partie intégrante d'un individu humain ; car la destruction de l'individu, qui devait s'ensuivre, n'était d'aucune considération à leurs yeux. — Non-seulement des sentiments d'humanité ne suffirent point pour les détourner des conséquences les plus extrêmes qui résultent du droit, pris dans son abstraction matérielle, mais encore ils ne commirent cet écart que par des considérations d'une politique cruelle et égoïste : car la tolérance en faveur du créancier qui aurait abusé de la permission de disséquer le débiteur, était uniquement motivée par un puissant intérêt patricien.

Cette idée dérivée de l'idée de la justice, que nous avons nommée la justice matérielle, puisqu'elle en représente le côté matériel, se produit moins à l'état de principe séparé du principe spirituel, que comme une tendance matérielle dans toute la législation. Le propre de cette tendance consiste à méconnaître l'égale valeur spirituelle de tout homme, d'où résulte, comme conséquence, qu'il est attribué au côté matériel du droit une force de cohésion telle, que le lien entre le propriétaire et l'objet du droit ne se rompt dans aucun cas, si ce n'est par la renonciation volontaire. L'objet donné à un autre individu pour sa consommation est censé lui avoir été prêté seulement, et envahit sa personne, attendu qu'il ne saurait s'établir de droit nouveau, là où il n'est pas tenu compte du principe spirituel.

Nous reviendrons sur ce point de vue au chapitre *de l'Autorité*.

Nous avons vu que l'équité, comme abstraction du côté spirituel de la justice, peut lui servir de complément en certaines circonstances. — La justice matérielle est également susceptible d'être prise, comme principe séparé de l'idée de la justice, et de la remplacer, dans les cas, assez rares du reste, où il ne s'agit que du côté matériel de l'homme ou de son droit, sans égard pour le côté spirituel de l'un ou de l'autre.

Pour citer un exemple de l'application de cette autre abstraction de la justice, nous prendrons le § 563 du Code civil français, où il est dit : « Si un fleuve ou une rivière navigable, « flottable ou non, se forme un nouveau cours « en abandonnant son ancien lit, les propriétai- « res des fonds nouvellement occupés prennent « à titre d'indemnité l'ancien lit abandonné, « dans la proportion du terrain qui lui a été en- « levé. »

Dans le cas cité, il s'agit de la destruction du côté matériel du droit ; de l'apparition d'un nouveau terrain, qui se présente en état primitif de non-occupation, et de la disposition qui doit en être faite.

La justice ne peut pas se rapporter à la destruction du droit dans ce cas-ci, parce qu'elle s'est faite indépendamment de la volonté humaine, et que là où celle-ci manque, la justice, en ce qui concerne son côté intellectuel, ne trouve pas d'application.

Elle ne se conserve donc plus dans sa totalité.

Et comme, d'un autre côté, il n'existe pas de droit sur le nouveau terrain, puisqu'il n'est pas encore occupé, et que la loi empêche cette occupation, la justice, sous ce rapport encore, ne trouve pas d'application ; puisque l'idée de la justice, n'étant qu'une conséquence de celle du droit, ne saurait se produire là où il n'y a pas de droit. — Mais l'apparition du terrain n'étant que le résultat du même phénomène qui a causé le mal, l'idée se présente naturellement de faire du nouveau terrain l'objet d'une compensation, en faveur des individus qui ont souffert de ce jeu de la nature.

Si l'on prenait l'équité pour règle de la répartition du terrain, cette répartition se ferait par portions égales. Mais on ne saurait, dans ce cas-ci, avoir recours à l'équité, puisque la matière du droit est principalement en question. Et la compensation, ne pouvant ainsi être que matérielle, se fait proportionnellement à la matière détruite.

§ VI. — Synthèse de l'idée de la justice.

Nous avons montré que l'idée de la justice est le produit de l'idée du droit : que celle-ci s'arrête à la supériorité de l'intelligence humaine sur la matière et les autres créations terrestres, mais que l'homme arrive à l'idée de la justice, lorsqu'il reconnaît la même supériorité à son semblable. Ensuite nous avons analysé l'idée de la justice et suivi d'abord l'un de ses côtés, l'*équité*, puis l'autre côté, que nous avons nommé *justice matérielle*.

L'abstraction de l'un ou de l'autre côté de la justice reste toujours plus ou moins forcée, puisque l'objet de cette idée, l'homme et son droit, n'existent pas dans la réalité à l'état de séparation. C'est pourquoi aucune législation n'a adopté dans toute leur portée et scientifiquement établi ces distinctions abstraites, dont d'ailleurs on ne se rendait pas même clairement compte.

Mais si les idées issues de chacun des côtés de la justice ne sont pas réalisées comme deux systèmes complets de jurisprudence, elles peuvent se séparer suffisamment pour produire, comme à Rome et en Angleterre [1], deux genres distincts de cours, dont chacun penchera de préférence vers l'un ou l'autre de ces ordres d'idées.

D'ailleurs l'institution du jury indique cette divergence en jurisprudence, dans les pays où les jurés sont dispensés de se conformer à la législation, et se forment une conviction d'après leur manière de voir personnelle. Car, dès qu'il est permis de s'écarter de la législation, qui représente la justice, rien n'empêche de se guider par l'un des côtés de cette dernière.

Cette différence de principes s'introduit dans la jurisprudence lorsque la justice, ayant été prise trop exclusivement dans un sens, l'autre côté, par réaction, se produit à son tour d'une manière marquée.

Chacun des deux côtés peut acquérir une extension démesurée. Plus il s'éloignera du milieu où ces éléments sont en équilibre, et plus il lui

[1] In Rom entstand aus der Æquitas das prätorische Recht, in England aus der Equity eigene Gerichtshofe und eigene Rechtsgrundsätze (*Naturrecht*, v. Hugo, S. 124.)

faudra de moyens violents pour se maintenir, comme l'histoire nous en offre bien des exemples. C'est ainsi que la révolution française de 1789, ayant proclamé l'égalité des hommes, sans en préciser la signification, on l'a interprétée d'une manière aussi étendue qu'arbitraire, et bientôt tous les droits, sous le rapport de leur extension matérielle, ont été soumis au même niveau. Au moyen de la confiscation on égalisait les fortunes. Dans une société où l'inégalité des droits n'est pas tolérée, les principes de la justice ne trouvent plus d'application possible, puisqu'elle consiste précisément à faire respecter l'individu avec tous ses droits, quelle qu'en soit l'étendue. Il ne reste alors de place que pour l'équité, qui suppose l'égalité des hommes.

Mais l'équité ne s'établit pas comme règle suprême des rapports sociaux, uniquement par des moyens violents; elle peut acquérir de la prépondérance d'une manière presque imperceptible, à mesure qu'on reconnaît aux intérêts généraux une si grande supériorité par rapport aux droits particuliers, que ceux-ci se trouvent de plus en plus restreints et réduits à l'égalité, thèse qui sera développée sous le chapitre *De la société moderne*.

Le côté matériel de la justice est pris dans un sens abstrait, lorsqu'on le sépare du principe spirituel, comme la législation de tous les peuples en offre l'exemple, à une époque de développement peu avancé. Mais c'est surtout la législation romaine qui a réalisé cette abstraction de la manière la plus systématique. Les Romains, de tout temps, ont tenu très-peu compte du principe spirituel et, par suite, de la vie des hommes. Les progrès de leur civilisation ne les ont pas amenés à des idées plus humaines; au contraire, à mesure qu'ils approchaient du terme de leur existence sociale, leur dédain de la vie des hommes devenait une soif sanguinaire. C'était pour eux une jouissance de faire périr leurs semblables.

De là la haine que ce peuple, si indifférent pour toute religion, portait à la religion chrétienne, car la manière dont celle-ci explique les choses divines et humaines est essentiellement opposée au point de vue des Romains, et devait leur inspirer la plus profonde antipathie.

C'est ainsi que l'abstraction de l'un ou de l'autre côté de la justice les met en lutte avec l'un des côtés du droit, et notamment avec celui auquel chacun des côtés de la justice est opposé.

L'équité tend à réduire la matière du droit, la propriété, en la soumettant forcément au niveau de l'égalité, et lorsque la justice est prise dans un sens exclusivement matériel, le principe spirituel de l'homme et de son droit est méconnu au point qu'on en ignore l'existence ou qu'on cherche à l'anéantir.

Arrivées à ce résultat, les conséquences qui découlent de l'une et de l'autre de ces abstractions se trouvent arrêtées par la limite qu'elles ont atteinte. Leur mouvement de développement ne peut plus continuer, comme nous allons le montrer.

Les deux côtés de l'idée de la justice se rapportent aux deux côtés de l'idée du droit, ou plutôt, comme ces idées ne sont que la même idée, à différents degrés de développement, les côtés qu'elles présentent sont les mêmes dans l'un et l'autre cas, et ne diffèrent entre eux qu'en tant que les idées auxquelles ils tiennent se séparent. Or, le côté spirituel de la justice, l'équité, étant parvenu à réduire à l'égalité le côté matériel du droit, celui-ci ne pourra être maintenu à ce niveau que de vive force, car on a vu que lorsque le droit est libre d'entraves il arrive à l'inégalité.

C'est ainsi que le principe spirituel de la jus-

tice, pris d'une manière abstraite, arrête de force le développement matériel du droit. Or la force est un principe non-seulement essentiellement différent de la justice, mais qui lui est opposé, puisque la justice n'a d'autre but que celui d'exclure la force des rapports sociaux. Il s'ensuit que l'un des côtés abstraits de la justice, l'équité, en maintenant à l'état d'égalité le côté matériel du droit, change de nature et devient ce même principe de force avec lequel la justice est en lutte.

Le développement de l'idée de la justice dans ce sens s'est donc arrêté, puisque, arrivée à ce point, elle se transforme en principe opposé.

L'autre côté de la justice, le côté matériel, ayant abouti à l'anéantissement du principe spirituel dans le droit, la condition essentielle de l'existence de celui-ci disparaît, car nous avons vu que le droit n'existe que par l'union de la volonté humaine avec l'objet du droit, la matière. Privé de son principe spirituel, le droit change de nature et ne présente plus qu'une masse matérielle.

Il est indifférent d'ailleurs que cette masse soit animée, comme dans le cas lorsqu'il s'agit d'animaux, ou inanimée, organique ou inorganique : au point de vue du droit, elle en constitue le côté matériel, et par conséquent ne représente que la matière.

Or la justice ne trouve d'application que là où existe un droit dont elle est le produit, et qu'à son tour elle soumet à une règle conforme à leur commune nature. En sorte que si elle n'a devant elle qu'une masse privée d'un des principes qui constituent le droit, celui-ci n'existe pas et dès lors elle ne trouve plus d'application. Et c'est ainsi que le développement de la justice s'arrête aussi par ce côté.

Lorsque, par son mouvement dialectique, l'idée est arrivée au terme de son développement, ne pouvant plus avancer, elle reprend son mouvement en sens inverse.

Il est à remarquer qu'il ne s'agit pas ici d'idées qui se meuvent dans le vide, mais que les idées de droit et de justice, alors même qu'elles ne sont que confusément entrevues, déterminent les actions des hommes. Elles contiennent ainsi un mobile d'activité, et le mouvement de retour que nous venons d'indiquer se produit dans la réalité comme réaction. Les hommes s'apercevront de l'erreur commise, et les idées, qui tiennent aux deux côtés de la justice, chercheront à retrouver l'équilibre en revenant à leur point de départ. Un équilibre parfait entre des forces agissant en sens opposé ne peut s'établir que momentanément, et tantôt l'un, tantôt l'autre principe se produira d'une manière prépondérante. Mais il y a des degrés dans cette prépondérance, et si l'équilibre parfait ne saurait avoir de durée, au moins peut-on chercher à s'en tenir rapproché, surtout quand on est arrivé à l'intelligence de ces questions.

Ainsi, lorsqu'on s'en tient principalement à l'un des côtés de la justice et qu'on ne fait pas la part nécessaire de l'autre, l'harmonie de leur rapport naturel est troublée. Cette harmonie est précisément le produit d'une corrélation parfaite entre les deux côtés de la justice. Au moment où elle s'établit, la synthèse de l'idée de la justice s'accomplit, puisque les deux côtés dont elle se compose ont cessé de se présenter à l'état de séparation plus ou moins marquée, et n'existent plus que par leur unité.

Mais le point de réunion où se rencontrent les deux côtés de la justice n'est pas invariablement fixe. Il se déplace, au contraire, selon la corrélation où se trouvent les idées de droit et celles de liberté. C'est-à-dire que l'idée de la justice elle-même varie, selon que le droit auquel elle se rapporte varie, et le droit change conformément au degré d'extension qu'à une époque donnée on lui reconnaît, tant par rapport aux idées de liberté que par le rapport établi entre le droit public et le droit privé.

La synthèse de la justice se réaliserait en pratique si tous les membres dont la société se compose étaient d'accord sur la mesure de leurs droits et de leurs obligations, tant entre eux que par rapport à la société considérée comme totalité.

Le rapport entre les idées de droit et de la liberté serait déterminé par l'ensemble des idées contemporaines, l'opposition entre ces deux ordres d'idées cesserait et se changerait en opposition commune au principe de la force.

Mais la synthèse de la justice ne parvient pas à se réaliser, parce que les passions et les dispositions égoïstes des hommes y mettent obstacle, et que tantôt l'un, tantôt l'autre élément de la justice acquiert une influence démesurée sur les rapports sociaux.

§ VII. — De la justice distributive.

La conscience qu'acquiert l'homme, de l'égale valeur spirituelle de tout être humain, constitue l'idée de la justice. Une fois que cette idée est généralement reconnue dans une société, on en admet aussi la conséquence, que nul ne saurait mettre en pratique un principe intellectuel quelconque, sans qu'il en résulte pour les autres le droit d'agir, en conséquence de ce même principe, à son égard; car en admettant que les hommes sont doués de la même spiritualité, aucun d'eux ne saurait s'attribuer l'usage exclusif d'un principe, issu de cette source, soit qu'il se soit conservé pur, soit qu'il ait été entaché par l'influence du corps, c'est-à-dire par les passions et par les désirs.

Il suit de ces prémisses, que l'homme doit subir la réaction, à son égard, du principe qu'il a pratiqué lui-même. Et cette conséquence en amène une autre : l'attente que cette réaction se produise; en sorte que l'individu s'attend à ce que les autres agissent, à son égard, de même qu'il le fait. La première conséquence établit la rétorsion du mal par le mal, la seconde la rétribution du bien par le bien.

Ces résultats, résumés par l'idée, constituent l'*idée de la justice distributive*, à deux degrés de développement.

Au premier, elle se présente comme punition; au second, comme rémunération.

Il suit de là que la justice distributive se compose de deux divisions, dont l'une comprend *le droit criminel*, et l'autre la rémunération publique, c'est-à-dire *les distinctions et les priviléges*.

1° *Du droit criminel.*

a. — Des délits et des peines.

Tant que les actions restent dans les limites du droit d'un chacun, il n'y a pas lieu de leur appliquer la rétorsion; mais, en sortant de cette sphère, elles portent atteinte au droit d'autrui et constituent une violence morale ou physique. L'une et l'autre provoquent la rétorsion comme moyen de répression.

Les plus graves de ces actes de violence se nomment crimes, puis viennent les délits proprement dits, et enfin les moins importants, qu'on nomme contraventions. Mais nous comprendrons ces différentes gradations, prises dans leur ensemble, sous la dénomination générale de délits.

La rétorsion n'étant que la conséquence de la manifestation d'un principe intellectuel, il s'ensuit qu'elle n'est pas applicable dans les cas où l'action ne peut pas être ramenée à un tel principe, toute action n'étant pas nécessairement une manifestation de la volonté. Il y a des actions involontaires dont l'individu n'a aucune connaissance, par suite de maladie, d'aliénation d'esprit, ou faute de discernement : ces actions ne sont que de simples mouvements; et le préjudice qui en résulte pour le droit d'autrui ne peut être apprécié qu'à l'égal de celui qui provient de toute autre force physique déréglée.

Les actes de violence ont leur source dans les influences que la partie matérielle de la nature humaine, les passions, les désirs, etc., exercent sur la volonté, à laquelle les métaphysiciens donnent le nom de volonté naturelle ou empirique, lorsqu'elle se trouve dans cet état d'assujettissement à la matière [1].

Le mouvement des idées n'étant pas perceptible en lui-même, les hommes ne peuvent juger des dispositions intérieures de l'individu, ou des principes qui servent de règle à sa conduite, que par leurs manifestations. — Ces manifestations peuvent consister en langage, en écriture ou en autres signes; et certes, l'individu qui aurait

[1] Alle Uebertretungen haben ihren psychologischen Grund in der Sinnlichkeit. (*Lehrbuch des gemeinen in Deutschland gültigen peinlichen Rechts*, v. FEUERBACH, S. 37.)

ainsi professé d'une manière formelle ou implicite un principe quelconque ne saurait, en sa qualité d'être intelligent, méconnaître que dès lors ce principe doit être considéré comme le mobile de ses actions.

Mais l'intelligence est libre dans ses mouvements; elle peut revenir sur des idées dont elle aurait reconnu l'erreur ou le vice. L'individu peut aussi avoir émis certains principes, faute de réflexion, ou sans les prendre au sérieux. — Par égard pour ces imperfections ou contradictions de la nature humaine, la profession seule d'un principe n'est pas considérée comme témoignage suffisant de son adoption, et on en cherche la preuve dans sa manifestation complète par l'action, dans sa pratique même [1]. De là vient la maxime généralement admise que la rétorsion n'est applicable qu'en conséquence de l'action même, ou d'indications qui puissent être considérées comme un commencement d'exécution.

La plupart des législations modernes admettent

[1] « Jede Handlung wenn sie als Verbrechen beurtheilt werden soll, setzt äusserliche Erkennbarkeit voraus, denn nur eine äussere Handlung kann ein Recht verletzen. » (L. c. Feuerbach, S. 57.)

que la tentative d'un crime doit être punie, mais plus légèrement qu'un crime consommé. Le Code pénal français assimile la tentative du crime au crime accompli, mais n'établit pas la même règle à l'égard du délit proprement dit.

Chez les Romains, la tentative d'un crime n'était pas passible de peine, à moins que le contraire ne fût établi par la loi criminelle (voyez le *Commentaire* de Mittermaier dans l'ouvrage cité de Feuerbach, p. 69 et suivantes).

On en vient à adopter la maxime que la consommation du crime seule donne lieu au châtiment lorsqu'on ne considère que le fait matériel et non la véritable cause du crime, c'est-à-dire l'intention. Cependant cette maxime du droit romain est en contradiction manifeste avec cette autre : « In maleficiis voluntas spectatur, non exitus, » puisque, conformément à cette dernière maxime, ce n'est pas le fait, mais le degré de méchanceté qui donne la mesure du crime. Ces contradictions dans les parties les plus essentielles de la jurisprudence criminelle des Romains proviennent de ce qu'ils ont puisé leurs notions de culpabilité à une source étrangère, et notamment dans la philosophie des Grecs, dont le point de vue était tout à fait différent de celui des légistes romains (voyez *Roemische Rechtsgeschichte* von SCHWEPPE, S. 866).

On distingue ainsi dans le délit un principe spirituel, la volonté humaine, quoique troublée et affectée de matière; et un principe purement matériel, qui consiste dans l'action par laquelle violence est faite à la personne ou au droit d'autrui. L'état vicieux de la volonté ne constitue pas en lui-même le délit, puisque l'homme peut se dégager de ses tendances matérielles et s'élever jusqu'à sa véritable liberté, la pureté de son essence spirituelle, avant d'avoir manifesté ses dispositions vicieuses par l'action. — Le délit ne consiste pas non plus dans l'action seule, puisqu'elle peut être involontaire : or donc, le délit n'est possible que par la présence et la réunion de ces deux facteurs, qui en forment également partie intégrante.

L'action qui constitue le délit peut être simple. Dans ce cas, s'il y avait un commencement d'exécution, dont l'effet n'aurait été interrompu que par suite de circonstances indépendantes de la volonté de l'auteur, celui-ci pourrait en être rendu responsable, comme si le délit avait été accompli, puisqu'il aurait clairement manifesté ses véritables dispositions.

Mais le délit peut consister aussi dans une action qui se compose d'un certain nombre de gradations. Et comme à chacune d'elles l'individu peut changer d'intention, il en résulte qu'il ne saurait être rendu responsable que de la partie du délit qui a été effectivement commise : ainsi un délit compliqué peut être considéré comme un ensemble de plusieurs délits, pour chacun desquels il n'existe d'autre qualification que celle qui caractérise le délit simple.

Néanmoins l'action motive la rétorsion, non-seulement à l'égard de l'auteur même de la violence, mais encore à l'égard de ceux qui l'ont encouragé à la commettre, ou lui ont prêté leur assistance. Car l'intention des complices étant la même que celle de l'auteur, ils sont également responsables de l'action, si toutefois elle a été commise de la manière dont ils l'entendaient.

Comme la rétorsion est une conséquence de l'identité du principe intelligent en tout homme, il en résulte qu'elle ne saurait être mise en usage à l'égard de l'individu dont l'intelligence se serait montrée différente de celle des autres hommes, par suite d'un développement incomplet ou d'une maladie mentale. Mais entre l'état d'une intelligence qui manque complétement de la faculté du discernement, et l'intelligence qui se trouve dans son état normal, il existe une infinité de degrés intermédiaires et de nuances, qui doivent être pris en considération, en tant qu'ils peuvent modifier l'application du principe de la rétorsion.

Il suit de la nature de la violence, que chacun est libre d'user de rétorsion, puisque l'individu qui aurait érigé un principe quelconque en règle de sa conduite ne saurait refuser à aucun de ses semblables d'adopter également ce principe à son égard. — Mais la rétorsion ne peut être considérée comme telle qu'aussi longtemps qu'elle est le contre-poids exact de la violence[1]. Et s'il était permis au jugement individuel de la déterminer, elle dépasserait à son tour facilement les bornes de la justice, surtout au moment où

[1] PUFENDORF (*De jure naturæ et gentium*) examine la question de savoir si la défense de l'agresseur peut devenir à son tour légitime, et il l'affirme par le motif que l'offensé est obligé de s'arrêter lorsque l'agresseur fait preuve de repentir et offre une indemnité; ce qui contredit directement cette autre maxime du même auteur : « Eo ipso dum qui se hostem mihi profitetur dat mihi quantum in se adversus se licentiam in infinitum. » (Loc. cit., p. 253.) *H. Grotius*, dit également (loc. cit., p. 170) : « Tamen qui injuria me parat afficere, is mihi eo ipso dat jus adversus se in infinitum. » Il suffira de faire observer que les conséquences de cette maxime assimilent la justice à la vengeance.

l'offensé se trouverait sous l'impression du tort qu'il a souffert. C'est pourquoi la société humaine, en se développant, prend soin de donner une base plus solide à la rétorsion, en l'exerçant elle-même, sous la dénomination de *peine*. — La rétorsion privée n'est plus permise que dans les cas urgents, où elle se confond avec la défense personnelle.

La même tendance à exclure toute influence subjective dans l'appréciation de la rétorsion a fait tomber d'accord les criminalistes, qu'elle ne saurait être appliquée à aucun crime, aucun délit, aucune contravention, à moins d'être expressément déterminée par la loi : « *Nulla pœna sine lege*. »

Les lois, n'étant que l'interprétation humaine, et par conséquent imparfaite, de l'idée de la justice, présentent nécessairement des lacunes, et le juge n'étant pas autorisé à les combler, il s'ensuit qu'au point de vue strictement légal, le crime, dans certains cas, peut ou plutôt doit échapper au châtiment. Au point de vue de la philosophie, au contraire, l'idée de la justice distributive exige qu'il y ait, dans tous les cas, rétorsion, c'est-à-dire application de la peine, de sorte qu'aucun crime ne doit y échapper. C'est ainsi que la maxime dont il s'agit, bonne au point de vue de la légalité, est inadmissible à un point de vue plus élevé. Nous voyons donc là encore une de ces contradictions insolubles, comme on en rencontre partout dans les rapports sociaux.

On remarque chez tous les peuples la même progression dans le développement de leurs idées sur la peine. Elle est d'abord considérée comme une vengeance exercée par les familles ou les tribus; puis comme une vindicte publique, que satisfait la composition pécuniaire; plus tard, comme un moyen de terreur pour maintenir la sécurité sociale, jusqu'à ce qu'enfin la nature intime de la peine se révèle, et qu'elle ne soit plus considérée que comme une conséquence du principe de la justice. (Voy. FEUERBACH, loc. cit., p. 8.)

Néanmoins il est à observer que la rétorsion se rapporte à une action passée, et que l'individu peut avoir reconnu la fausseté du principe qui l'avait amené à commettre le délit. S'il abandonnait ce principe, s'il réparait de plus le mal qui s'en est suivi, en tant qu'il dépend de lui, l'application de la rétorsion ne pourrait plus, dans ce cas, être motivée comme conséquence du principe adopté par le délinquant, puisqu'au contraire il l'aurait déjà abandonné. Dès lors la rétorsion se trouverait assimilée à la vengeance, principe essentiellement subjectif, et qui par cela seul deviendrait inadmissible comme principe d'ordre social, quand même il ne serait pas réprouvé par la morale [1]. Mais un changement d'idées pareil dans l'auteur du délit, n'étant pas perceptible en lui-même, et ses professions à cet égard pouvant manquer de sincérité, on est forcé d'en rester à l'action comme seul critérium des principes. Aussi doit-on supposer leur durée aussi longtemps qu'une suite d'autres actions, c'est-à-dire un autre genre de vie, n'ont pas constaté le contraire.

Cependant l'homme est incontestablement capable de revenir sur ses erreurs et de changer de principes. Et comme, à l'honneur de l'humanité, ce changement est même présumé devoir

[1] *Tertullien* (adversus Marcionem, 4. 16, p. 925) dit que le précepte de Jésus-Christ de pardonner les injures ne contredit pas ce qui est prescrit à ce sujet dans le Vieux Testament, car il y est également ordonné d'oublier les offenses. En sorte que la menace du talion que ce dernier contient ne concerne que l'offenseur et non l'offensé, et indique seulement que, le talion ne pouvant être exercé par ce dernier, passe à un tiers, c'est-à-dire à l'autorité constituée dans le pays. (Voyez H. GROTIUS, p. 506.)

s'accomplir avec le temps, la conséquence nécesaire de cette supposition est la rémission du délit, ou sa prescription après un certain laps de temps[1]. Mais la durée de cette prescription ne saurait être fixée d'une manière satisfaisante, puisque la conversion de l'individu peut s'opérer par suite de circonstances particulières, aussi bien que par l'expérience ou une réflexion plus mûrie. Les circonstances fortuites sont naturellement indépendantes de toute durée de temps, mais le terme de la conversion opérée par la réflexion et l'expérience pourrait correspondre aux différentes divisions qu'admet la vie humaine : la jeunesse, l'âge mûr, la vieillesse, quelque vagues qu'elles soient.

De même qu'il existe une interruption de la prescription civile, on a admis différentes circonstances pouvant interrompre la prescription criminelle. L'amélioration du coupable ne saurait, en effet, être supposée s'il commettait de nouveaux délits avant l'expiration de la prescription. Cette interruption de la prescription, qui, du reste, n'est expressément reconnue, au-

[1] « Der Verjährung sind alle Verbrechen unterworfen, ohne Rücksicht auf die Grösse ihrer Strafbarkeit oder auf die Beschaffenheit der Person. » (FEUERBACH, loc. cit., p. 117.)

tant que nous le sachions, que dans la législation du Wurtemberg, est parfaitement motivée. Mais on ne saurait reconnaître aux actes d'instruction ou de procédure la même faculté d'interrompre la prescription criminelle, puisqu'on ne leur attribue cette faculté que par analogie avec la jurisprudence civile, et que néanmoins les motifs sont entièrement différents dans l'un ou l'autre cas.

Mais outre la raison qui résulte de l'idée de la justice, d'autres considérations viennent encore à l'appui de la nécessité de faire usage de la rétorsion à l'égard du délinquant. Elles résultent de l'observation pratique des causes qui agissent sur l'homme et la société humaine. C'est ainsi que la crainte du châtiment peut empêcher les délits, en partie du moins, et offrir une garantie de plus à la sécurité de la société. Le châtiment lui-même peut ramener à la justice par la réflexion qu'il provoque sur les suites du délit. Et si le châtiment était calculé de manière à produire cet effet principalement sur le coupable; s'il consistait dans une réclusion, où l'isolement du prisonnier doit l'amener à faire un retour sur lui-même, les plus heureuses conséquences peuvent en être le résultat.

Il suit de ce que nous venons de dire que la véritable base de la peine consiste dans le principe de la rétorsion, considéré comme conséquence de l'égale valeur de la volonté intelligente dans tout individu humain; mais que d'autres motifs secondaires, ou d'utilité pratique, concourent également à constater la nécessité de la peine. Ces motifs, dont le nombre pourrait être facilement augmenté, ne sont, comme on le voit, qu'accessoires à l'idée principale de la peine, et ne servent qu'à la compléter. Et néanmoins on a voulu non-seulement les séparer, mais encore on les a considérés comme incompatibles; en sorte que, chacun de ces motifs devenant la base exclusive d'une théorie pénale, il s'en est formé plusieurs, opposées ou même hostiles les unes aux autres.

Il en est de ce dissentiment comme de tous les autres auxquels les rapports sociaux donnent lieu. Ces dissentiments ne proviennent pas de suppositions entièrement fictives, mais ils ont leur source dans une appréciation abstraite des différents motifs sociaux qui existent effectivement; en sorte qu'au lieu d'avoir égard à leur valeur relative, on attribue à l'un d'eux une importance exclusive ou du moins démesurée.

b. — De la gradation des délits et des peines.

Les violences auxquelles l'homme se livre à l'égard de son semblable peuvent être aussi bien dirigées contre l'élément matériel que contre le principe spirituel de ce dernier.

Quant à ce premier genre de violence, il est assez généralement apprécié d'une manière uniforme : mais il y a plus de différence dans le jugement des hommes relativement aux atteintes à leur dignité morale, parce qu'ils ne s'accordent pas sur ce qui constitue cette dignité, ni sur la manière dont ils veulent qu'elle soit honorée par les autres : différence d'opinion subjective, que des défauts même, tels que l'amour-propre, la susceptibilité, etc., contribuent à augmenter encore.

La combinaison de ces différents motifs, du côté de celui qui cause et de celui qui souffre le préjudice, donne lieu à une multiplicité de délits, que compliquent encore des circonstances particulières, telles que la nature des relations entre les deux parties.

La législation a pour tâche de comprendre toute cette diversité de délits en certaines catégories, afin d'y proportionner les peines. Mais la difficulté principale, sous ce rapport, consiste à trouver un principe fondamental qui puisse servir de mesure pour apprécier la grandeur du délit.

Le délit étant une violence, il s'ensuit que si la grandeur de cette violence, c'est-à-dire la grandeur du mal qu'elle cause, pouvait donner la mesure des délits, le principe nécessaire pour procéder à leur classification serait trouvé. Comme cependant l'auteur des plus grandes violences ne saurait en être rendu responsable, si elles sont l'effet de circonstances fortuites ou indépendantes de sa volonté; et que d'autres circonstances, telles que défaut de réflexion, égarement momentané et contraire à la conviction de l'individu lui-même, atténuent le délit, il s'ensuit que la grandeur seule de la violence ne saurait en donner la juste mesure.

D'un autre côté, les mêmes contradictions se présenteraient si les dispositions vicieuses de l'individu devaient servir seules à déterminer la valeur du délit. L'état moral de l'individu peut être vicieux à l'extrême, sans qu'il le manifeste par aucune espèce de violence, faute d'occasion, ou bien par inconséquence ou manque d'énergie, de sorte qu'il n'y aurait pas de délit commis de sa part, ou seulement des délits inférieurs à sa dépravation.

Mais c'est surtout l'insuffisance des moyens pour juger avec certitude d'un état moral non perceptible en lui-même, qui ne permet pas d'adopter isolément le principe spirituel du délit, comme base de son évaluation.

Il est évident, par ce que nous venons de dire, qu'aucun des deux éléments dont se compose le délit ne pouvant être pris séparément comme mesure de sa grandeur, cette mesure ne consiste pas dans un principe simple. Il ne reste ainsi d'autre moyen pour déterminer la gradation des délits, que de prendre conjointement les deux éléments pour base de leur classification.

L'élément matériel du délit, c'est-à-dire l'effet matériel des actions, offrant des indices aisément perceptibles, on est naturellement amené à s'y tenir de préférence en procédant à cette classification. Mais le principe étant extérieur et matériel, la classification à laquelle il sert de base le sera également : or, pour pénétrer plus avant dans la nature intime du délit, il faudrait nécessairement s'attacher en même temps à en examiner le principe spirituel.

C'est pourquoi, tout en se guidant par les indices extérieurs, on attachera surtout de l'importance à ceux qui révèlent les dispositions morales du coupable.

La récidive augmente de suite la gravité du délit, comme elle prouve que la même disposition vicieuse s'est invétérée dans l'individu [1].

Le délit peut être exercé contre l'un des deux côtés de la nature humaine pris séparément, ou contre tous les deux réunis ; d'où résultent trois catégories principales de délits.

La plus grande violence qui puisse être exercée par l'homme à l'égard de son semblable est celle de la destruction de son existence, puisque cette violence est irréparable dans ses conséquences.

Mais dans cette action même il y a des différences essentielles, comme, par exemple, lorsqu'il s'agit de la mort d'un individu qui l'aurait demandée lui-même. La plupart des législations modernes admettent le consentement comme circonstance atténuante de l'homicide ; mais les législations anglaise et française sont d'une extrême rigidité sous ce rapport, et n'ont aucun

[1] C'est moins l'énormité d'un crime ou d'un délit qui constitue le plus haut degré d'immoralité dans un coupable, que l'habitude du même penchant. (*De la justice criminelle en France*, par BÉRENGER, p. 492.)

égard au consentement de celui qui cherche la mort.

Après la violence exercée contre l'existence de l'homme, vient en ordre de grandeur la violence dirigée principalement contre l'un ou l'autre des côtés qu'on distingue en lui. Ce genre de violence est, en tout cas, moindre que celle qui concerne la totalité de l'individu, par la raison que la partie est moindre que le tout, et que l'individu qui n'a souffert qu'une atteinte partielle peut recevoir une réparation plus ou moins complète.

L'homme ressent plus vivement la violence exercée contre son côté spirituel que celle portée à sa nature matérielle, et cela en raison de la prépondérance qu'il accorde à l'esprit sur la matière.

Il prend comme une violence ou un outrage toute action, toute parole, calculées pour exprimer le mépris à son égard, à moins qu'il ne dédaigne l'offense comme venant de la part d'un individu sans valeur morale. L'opinion des hommes varie sur ce qui constitue l'essence de cette dignité, qui doit être tenue en honneur, tant à cause de la différence de leurs sexes que par suite de la direction spéciale qu'ont prise leurs idées ; à cet égard, il y a des nations et des individus susceptibles à l'extrême. Dans d'autres pays, les idées sur l'honneur varient selon les classes de la société ; et ailleurs encore, le principe matériel acquiert une telle prépondérance parmi les hommes, qu'aucune offense contre leur dignité morale ne saurait avoir d'importance à leurs yeux. — Les différences qui règnent ainsi dans les idées des hommes, relativement à l'honneur, rendent difficile la législation sur cette matière, et elle a dû même paraître assez généralement impraticable, puisqu'elle n'a été qu'imparfaitement fondée jusqu'à présent. Cette dernière circonstance s'explique par la raison que les lois doivent porter le caractère de la généralité, et que néanmoins cette généralité ne saurait être atteinte, aussi longtemps que la valeur de la dignité morale se trouvera principalement abandonnée à l'appréciation subjective.

La législation sur ce point se trouvant insuffisante, on y supplée par des moyens personnels et notamment par le combat singulier. C'est là une cause de grande perplexité pour le législateur, qui se trouve en présence de l'alternative soit d'avoir recours à des peines hors de proportion avec le délit, soit de laisser subsister, dans la législation, par rapport à un cas très-grave, une lacune qui met en évidence l'imperfection de cette législation.

Le délit peut porter atteinte au principe spirituel, inhérent à l'homme lui-même, ou incorporé dans le droit. Ce dernier cas constitue la fraude, les abus de confiance et les tromperies de tout genre.

Les violences exercées contre l'élément matériel de l'homme peuvent être divisées, selon qu'elles touchent à son propre corps ou seulement à ses droits réels, en délits contre la personne et en délits contre la propriété.

Ces actes de violence peuvent être gradués en raison de la dépravation dont le coupable fait preuve, et du danger qui en résulte pour autrui.

Les attentats contre la sûreté de la société entière ont été considérés, de tout temps et dans tous les pays, comme étant de la plus grande importance, parce qu'ils exposent l'existence ou le bien-être d'un grand nombre d'individus. Il résulte de l'importance de ce délit que l'intention y est plus sévèrement jugée que dans les autres, et qu'elle est réputée constituer à elle seule déjà un délit connu sous le nom de conspiration ou de complot.

Par analogie de motifs, les délits contre la propriété publique sont censés être plus importants que ceux contre la propriété particulière. En sorte que toute contrefaçon de la monnaie, des effets publics, du timbre, etc., est réputée plus grave que le faux qui ne concerne que les fortunes privées.

La classification des délits que nous venons d'indiquer n'est pas du reste combinée de manière à présenter des gradations suivies, et de telle sorte que le délit inférieur de l'une des catégories soit encore supérieur au délit le plus grave de la catégorie suivante. — Chacune d'elles, au contraire, comprend des gradations infinies de délits, dont les principaux ont une grande importance, et dont les moindres se perdent dans l'insignifiance.

L'élément spirituel et l'élément matériel se trouvant réunis dans l'homme, les violences dirigées contre l'un de ces côtés touchent en même temps à l'autre; en sorte qu'il n'existe pas même de séparation tranchée entre les trois classes de délits énumérées. C'est ainsi qu'une injure ne peut nous atteindre qu'à l'aide de quelque manifestation matérielle, de même qu'une violence exercée contre la propriété de l'homme affecte jusqu'à un certain point le principe spirituel de celui-ci, par la raison qu'il est incorporé au droit soumis à la violence. — De cette manière, les délits seuls qui se rapportent aux deux éléments de la nature humaine dans leur réunion, appartiennent en entier à la première classe. Dans les autres délits il y a lieu d'examiner si la violence prédomine tellement dans un sens que l'autre n'entre pas en considération, ou bien, s'ils tiennent aux deux classes par chacun de leurs côtés : circonstance qui complique essentiellement la classification des délits, puisqu'on est tenu de les apprécier sous deux points de vue différents.

Les peines sont, comme nous l'avons dit, une conséquence du principe de la rétorsion, ce qui ne signifie pas qu'elles doivent être identiques au délit, puisque cette proposition mènerait à l'absurde dans bien des cas; mais cela signifie seulement que la grandeur de la peine doit correspondre à la grandeur du délit.

Il en résulte que si les délits peuvent être gradués dans un certain ordre, les peines doivent être également susceptibles de classification, et qu'elles doivent correspondre au nombre des catégories que présentent les délits. — C'est ainsi que la classification des délits, et celle des peines, ne sont nullement un travail formel, ou le produit de quelque système abstrait ; mais elles constituent l'essence même de la législation criminelle, dont le but se trouverait parfaitement atteint si elle parvenait à une exacte appréciation des violences, et à celle des peines qui doivent y correspondre.

La plus grande violence commençant au meurtre, la peine doit y commencer également ; autrement, si la peine capitale était omise, les peines se trouveraient avoir un nombre de catégories inférieur à celui des délits.

En elle-même, la peine capitale serait motivée aussi bien que toute autre, puisque l'individu qui aurait suivi le principe qu'il est permis de détruire son semblable, ne subirait que les conséquences de ce même principe par la peine de mort. — La sécurité de la société présente un motif de plus pour en justifier l'application ; mais l'imperfection de la nature humaine fait naître des doutes sur l'admission d'une peine irréparable en cas d'erreur, et qui suppose ainsi l'infaillibilité du jugement judiciaire. Et comme c'est, au contraire, la possibilité de la méprise dans le jugement humain qui doit être présumée, il en résulte une contradiction intérieure insoluble; aussi les discussions sur la peine capitale ne sauraient jamais arriver à une conclusion satisfaisante[1].

Comme parmi les délits que nous avons distingués il en est qui portent atteinte à la dignité morale de l'homme, la peine qui y correspond, et qu'on nomme peine infamante, consiste aussi dans la dégradation et l'avilissement du délinquant.

Viennent ensuite, dans le même ordre que les délits, les peines contre la personne, puis celles contre la propriété.

Les peines contre la propriété seraient moindres que celles contre la personne, si les unes et

[1] Rien ne prouve mieux combien la justice humaine est sujette à l'erreur, que la circonstance qu'elle s'est fiée à des assertions scientifiques, qui, plus tard, ont été reconnues fausses. C'est ainsi que des arrêts de mort ont pu être prononcés, en conséquence d'une supposition dénuée de fondements. « On a longtemps admis, dit M. Regnault (voyez ses *Premiers Éléments de chimie*, page 398), que lorsque des taches de rouille rencontrées sur une arme blanche, soupçonnée d'avoir servi à commettre un crime, dégageaient de l'ammoniaque au contact de la potasse, c'était la preuve que la rouille s'était formée en présence d'une matière animale, et qu'elle provenait de taches de sang. Cette présomption était erronée, car la rouille qui se forme simplement au contact de l'air humide peut contenir des quantités d'ammoniaque très-sensibles. »

les autres étaient également ou temporaires ou irrévocables. Mais comme les peines personnelles consistant dans la réclusion peuvent être passagères, tandis que la confiscation du bien et les amendes sont d'ordinaire irrévocables, ces dernières deviennent, dans bien des cas, plus onéreuses qu'une simple réclusion ; aussi la valeur réciproque des peines dépend-elle plutôt du degré de leur élévation que de la différence de leurs genres.

2° *Des distinctions et des priviléges.*

L'idée de la justice distributive ayant produit la peine comme conséquence de la rétorsion du mal, donne, comme conséquence ultérieure, la rémunération du bien par le bien.

Exercée par la société, cette rémunération peut consister en biens ou propriétés de tous genres ; mais comme ceux-ci sont limités de leur nature, et se trouveraient bientôt épuisés, les hommes ont imaginé d'y suppléer par des distinctions honorifiques, consistant en signes extérieurs ou en titres particuliers.

Ces distinctions ont été souvent décriées, parce qu'elles mettent en jeu une des faiblesses de la nature humaine, la vanité ; et, d'un autre côté, il y a des publicistes qui les ont défendues en les assimilant aux droits : dans l'un et l'autre cas, leur véritable nature a été méconnue.

Elles ont une raison d'être, puisqu'on les retrouve chez tous les peuples de la terre, mais n'ont rien de commun avec la nature du droit, puisque, s'il en était ainsi, on pourrait se les approprier par première occupation, de même que tout autre objet du droit. Mais dans ce cas elles perdraient toute valeur, et cesseraient d'être une distinction.

Comme nous l'avons déjà dit, les distinctions publiques n'ont, de même que les peines, d'autre base que le principe de la rétribution ; seulement elles rendent en bien ce que les peines rendent en mal. Mais comme il y a des motifs accessoires qui influent sur la peine, il y a aussi de ces motifs en rapport avec les distinctions publiques. Leur véritable caractère consiste dans la rémunération et l'encouragement au bien ; et elles sont ainsi calculées pour produire de l'effet sur les sentiments les plus élevés de la nature humaine ; mais il se pourra alors que leur action sur ces sentiments en excite d'autres, tels que la vanité.

Il est certain, néanmoins, que le but des distinctions publiques serait manqué si elles donnaient naissance à l'orgueil et à l'arrogance, qui, d'un autre côté, produiraient l'envie et la haine, puisqu'au lieu d'émulation elles auraient ainsi introduit dans la société un principe de division.

L'encouragement que les actions bonnes ou utiles rencontrent dans la société humaine peut être également accordé aux différentes directions que prend l'esprit de l'homme, pour satisfaire à ses besoins intellectuels et matériels. Cet encouragement a lieu si les avantages matériels qui peuvent résulter d'une invention sont assurés à l'individu qui, le premier, aura émis des idées fécondes en conséquences pratiques. — Lorsque l'autorité assure la jouissance de ces avantages, qui consistent principalement dans la faculté plus ou moins exclusive de répandre ses travaux scientifiques, littéraires ou industriels, ils se nomment priviléges.

Ce n'est qu'à ce point de vue que peuvent être appréciées la prétention des auteurs à la propriété exclusive des produits de leur intelligence, et les dispositions légales à l'égard de la contrefaçon des livres. Et c'est pourquoi la question se trouve faussée dès qu'on veut la placer sur le terrain du droit proprement dit, comme la tentative en a été faite si souvent.

L'auteur a incontestablement droit à son manuscrit, si la matière première dont il se compose lui appartient; mais les idées qu'il y a exprimées ne sauraient rester sa propriété exclusive. L'idée conçue par l'intelligence individuelle a la propriété de l'électricité, comme le fait observer Hegel, puisqu'elle se communique instantanément à toutes les autres intelligences qui viennent en contact. Et cette idée devient ainsi leur propriété autant que celle de l'intelligence qui l'a exprimée en premier lieu. — La partie matérielle dont se compose un livre, les caractères de l'impression et le papier, étant à la disposition de chacun, leur propriété ne saurait changer, soit qu'on reproduise ses propres idées ou seulement celles d'un autre. Quelle espèce de droit l'auteur aurait-il ainsi d'empêcher les autres de façonner à leur convenance les matières premières qui leur appartiennent, ou de reproduire des idées quelconques, puisque ces dernières ne sont pas susceptibles de devenir l'objet d'un droit? Mais comme dans un état social plus avancé les travaux littéraires procurent des avantages matériels, il est conforme à la nature humaine que l'auteur cherche à s'assurer ces avantages à l'aide d'un privilége que la société lui garantit; et elle s'y refuse d'autant moins que les travaux de l'intelligence ont acquis de l'importance.

Les priviléges, n'étant ainsi qu'un résultat de l'attention et de la protection que la société accorde au développement des différentes facultés humaines en raison de leur utilité véritable ou supposée, reposent sur la même base que les distinctions publiques, puisqu'ils consistent également dans la rémunération du bien par le bien. Il résulte de cette identité de but et de moyen que les distinctions honorifiques et les priviléges se confondent dans bien des cas, et que souvent on les voit indistinctement employés. Mais de même que les distinctions publiques peuvent donner lieu à des effets dangereux et pernicieux pour la société, en excitant, d'un côté, la vanité et l'arrogance, de l'autre, l'envie et la haine, de même aussi les priviléges lui deviendraient onéreux s'ils consistaient en exemptions des charges générales, ou en monopoles dépassant les bornes de l'utilité publique.

Comme il peut y avoir de l'intérêt à connaître les différentes explications qu'on a données de la justice, nous faisons suivre un résumé de ce qu'ont pensé à ce sujet quelques-uns des philosophes et des jurisconsultes les plus célèbres de tous les temps.

Pythagore considère la rétribution comme l'essence de la justice, qu'il désigne par le nombre fondamental *un*, nombre dont la valeur reste égale, lorsqu'il est multiplié par lui-même ($1 \times 1 = 1$). — Pythagore a pris ainsi la partie pour le tout, puisque l'idée de la rétribution n'est que l'une des idées dérivées de celle de la justice. — (*Voy*. RIXNER's *Geschichte der Philosophie*, t. I, S. 105.)

L'ouvrage entier que *Platon* a écrit sur l'État doit son origine à l'examen qu'il fait de la nature de la justice. Cependant il la considère principalement sous un point de vue métaphysique, dans son rapport avec les autres facultés de l'esprit. Mais lorsqu'il parle de son influence sur les relations sociales, il la fait consister en ce que chacun reste dans le cercle de ses attributions, et ne fasse ou ne possède que ce à quoi il a droit. — *Socrate :* « Nous n'avons pas oublié « que la république est juste, parce que chacun

« des trois ordres qui la composent fait unique- « ment ce qui est de son devoir. Souvenons-nous « donc que chacun de nous sera juste, qu'il sera « dans l'ordre, lorsqu'il fera au dedans de lui- « même ce qui convient à sa nature. » (*La République* de Platon, ou *Dialogues sur la justice*, t. I, p. 209.) — *Socrate :* « Ainsi, lorsque nous « exigions que celui qui était né pour être cor- « donnier, charpentier, et ainsi du reste, fît son « métier et ne se mêlât pas d'autre chose, nous « tracions, sans le savoir, l'image de la justice. « La justice, en effet, ressemble parfaitement à « cette image, à cela près qu'elle ne s'arrête « point aux actions extérieures de l'homme, « mais qu'elle règle son intérieur, ne permettant « pas qu'aucune des parties de son âme fasse « autre chose que ce qui lui est propre, et leur « défendant d'entreprendre sur leurs droits ré- « ciproques. Elle veut que l'homme, après avoir « bien disposé toutes choses au dedans, s'être « rendu maître de lui-même...; elle veut, dis-je, « qu'alors l'homme commence à agir...; que « dans toutes les circonstances il donne le nom « d'action juste et belle à toute action qui fait « naître et qui entretient en lui ce bel ordre. » (*Platon*, l. c., t. I, p. 212.)

Platon n'a pas donné, et n'a pas pu donner, l'explication véritable de l'idée de la justice, parce qu'il la cherchait dans les abstractions de la métaphysique. Il reconnaissait néanmoins que, par un côté, elle touche à la réalité, et repose sur le droit. Mais comme il n'est pas arrivé à la conscience de l'idée du droit, ni à celle de sa relation avec l'idée de la justice, il n'a pas pu se former une notion nette de cette dernière idée.

Saint Augustin observe : « Remota itaque justitia quid sunt regna, nisi magna latrocinia? Quia et ipsa latrocinia quid sunt nisi parva regna? » (Sancti Aurelii Augustini *de Civitate Dei*, l. XXII, t. I, p. 392. Franc. ac Hamb.)

La première de ces propositions indique parfaitement l'opposition entre les deux principes de la justice et de la force, et le caractère propre que chacun d'eux imprime à la société, mais reste sans valeur scientifique, puisqu'elle n'a pas été expliquée.

Hugo Grotius avait bien le sentiment que la justice est une idée compliquée, mais il n'est pas parvenu à la développer d'une manière dialectique; c'est pourquoi il n'en donne qu'une explication confuse. Il dit qu'il faut entendre sous la dénomination de *jus* ce qui est juste, ou plutôt, négativement, ce qui n'est pas injuste. Conformément aux rapports d'égalité qui existent entre frères, collègues, etc., et aux rapports inégaux qui se forment entre le père et les enfants, le maître et les subordonnés, il distingue un *jus æquatorium* d'un *jus rectorium*. Le droit, selon l'objet auquel il se rapporte, est tantôt personnel, tantôt réel. Hugo Grotius nomme le droit personnel *faculté* lorsqu'il en résulte la compétence parfaite d'avoir ou de faire quelque chose, et il le nomme *aptitude* lorsque cette qualification est moins parfaite. Selon lui, la faculté n'est autre chose que la justice proprement dite, qu'il nomme aussi *justitia expletrix;* elle est de deux genres, qui constituent le droit privé des individus et le droit public de la communauté. La justice qu'il nomme *attributrix* se rapporte à l'*aptitude*, et porte à faire ce qui convient (*id quod convenit*). Elle est la compagne des vertus utiles aux autres, de la libéralité, de la miséricorde, etc. Hugo Grotius ajoute : « Est et tertia juris significatio, quæ idem valet quod lex, quoties vox legis largissime sumitur, ut sit regula actuum moralium obligans ad id quod rectum est. » Et plus loin Hugo Grotius établit encore une distinction entre une justice externe et une interne.

Pufendorf parle d'une justice qui est personnelle aux hommes, et par suite de laquelle ils ont la volonté d'être justes ; et d'une justice objective des actions, qui consiste à se conformer aux lois. Il admet ainsi une autre justice que celle représentée par les lois; mais il ajoute que la jurisprudence ne s'occupe que de cette dernière seule. Ensuite il arrive à une justice universelle, qui fait rendre aux autres ce à quoi ils n'ont qu'un droit imparfait, en implorant l'humanité, la miséricorde, etc., et à une justice particulière, qui n'a égard qu'au droit parfait. Selon lui, la justice distributive consiste : « Ut quomodo se « habet dignitas, seu meritum unius ad dignita- « tem alterius, sic se quoque habeat præmium « unius ad præmium alterius ; » et elle constitue une attribution du pouvoir suprême dans l'État. Il assigne à une modalité de la justice, qu'il nomme justice commutative, la tâche de régler les rapports des individus conformément aux conventions qui existent entre eux. — Pufendorf établit de la manière suivante la différence qui existe entre l'explication qu'il donne de la justice et celle de Hugo Grotius : « Nam illa (divisio) nobis desumitur ab ipsa potissimum materia quæ debetur, et ex debendi origine; ipsi

(Grotio) autem a modo et velut intentione qua quid debetur. »

M. *Vollgraff* explique de la sorte l'idée de la justice : « Gerechtigkeitsliebe ist bloss der negative Pol der Sittlichkeit, beleidige Niemand, lass Jedem das Seinige, etc. Der positive heisst : liebe deinen nächsten Menschen wie dich selbst, opfere ihm positiv deine sonderthümlichen Leidenschaften. » (*Die Systeme der practischen Politik im Abendlande*, t. I, S. 68.)

Vollgraff qualifie la justice de sentiment, et dit qu'elle constitue le pôle négatif de la morale. Il la résume par des préceptes comme celui de n'offenser personne, de laisser à chacun ce qui lui appartient, et ajoute que le pôle positif de la morale consiste dans l'amour du prochain, et dans le sacrifice de ses passions égoïstes.

Cette définition donne lieu aux objections suivantes :

La justice n'est pas un sentiment, mais une idée qui est susceptible d'acquérir un développement aussi étendu, exactement, que celui que prennent les rapports sociaux fondés sur le droit déterminé, puisqu'elle constitue la condition même de leur existence. S'il n'y avait pas d'idée de justice, le droit resterait illimité.

Quant à la distinction que Vollgraff établit entre la justice et la morale, dans ce sens, que l'une serait négative ou passive, et l'autre positive ou active, elle n'est exacte, par rapport à la justice, qu'en tant qu'il s'agit du droit privé. En s'abstenant d'empiéter sur le droit des autres ou de leur porter quelque préjudice, c'est effectivement à l'idée de la justice qu'on se conforme. Mais sous d'autres rapports, cette idée se montre essentiellement active, comme dans la législation civile ou criminelle, et dans l'application de l'une et de l'autre.

Hegel dit, en parlant de la justice : « Die Gerechtigkeit ist weder ein fremdes jenseits sich befindendes Wesen, noch die seiner unwürdige Wirklichkeit einer gegenseitigen Tücke, Verraths, Undanks u. s. w., die in der Weise des gedankenlosen Zufalls als ein unbegriffner Zusammenhang und ein bewustloses Thun und Unterlassen das Gericht vollbrächte, sondern als Gerechtigkeit des menschlichen Rechts, welche das aus dem Gleichgewichte tretende Fürsichseyn, die Selbstständigkeit der Stände und Individuen in das Allgemeine zurückbringt, ist sie die Regierung des Volks, welche die sich gegenwärtige Individualität des allgemeinen Wesens und der eigne selbstbewusste Willen Aller ist. » (*Phænomenologie des menschlichen Geistes*, S. 344.) — Ailleurs il exprime la justice, quoique sous une autre dénomination, par la formule suivante : « Das Rechtsgebot ist daher, sei eine Person und respectire die Andern als Personen. » (HEGEL's *Naturrecht*, etc., S. 42.)

Hegel ne considère la justice que dans son rapport avec le droit public. Elle n'est, selon lui, que la conscience, que la volonté générale du peuple acquiert d'elle-même. Les existences des corporations et des individus disparaissent dans l'essence générale de cette idée.

Nous ne saurions entrer dans des développements étendus pour démontrer combien est défectueuse cette notion de la justice. Il suffira de faire observer qu'elle identifie la justice avec la volonté du peuple. Or, celle-ci a sa base dans les idées de liberté, tandis que la justice est un des produits de l'idée du droit, opposée à l'idée de liberté. Mais comme, malgré leur opposition, ces deux idées se trouvent dans une corrélation intime, les idées de liberté reproduisent les créations de l'idée du droit, — et entre autres la justice.

Néanmoins, lorsqu'il s'agit d'expliquer les

idées, il faut les distinguer nettement les unes des autres, et les coordonner en conséquence. Et à ce point de vue, l'idée de la justice doit être comprise dans l'ordre des idées du droit, et non dans celui des idées de la liberté.

On ne saurait d'ailleurs juger de la justesse des observations qui viennent d'être faites, qu'après avoir pris connaissance du contenu de cet ouvrage.

CHAPITRE V.

LE DROIT PUBLIC.

Revenons un moment à cette première phase de l'idée du droit, où il se constitue en vertu de la supériorité de l'homme sur les autres objets.

Nous y avons remarqué un point où se produisent deux mouvements différents, selon qu'on se place au point de vue de l'égale valeur spirituelle de tous les hommes, ou à celui de la supériorité de l'individu, pris séparément par rapport à la matière.

Le premier de ces mouvements intellectuels donne l'idée de justice, que nous avons suivie dans les évolutions qu'elle parcourt. Le second mouvement donne l'idée de l'autorité, que nous allons étudier d'abord séparément, et puis dans sa combinaison avec l'idée de la liberté.

Les formes sociales sont le produit de ces deux idées, soit que chacune se produise d'une manière plus ou moins exclusive, soit qu'elles se combinent dans de certaines proportions.

L'idée de l'autorité seule, ou combinée avec l'idée de liberté, constitue, comme nous l'avons déjà indiqué, cette partie du droit, qu'on nomme le droit public.

§ I. — L'autorité.

1° *De la famille primitive.*

Dans le développement de l'idée du droit tel que nous l'avons suivi jusqu'à présent, les hommes se sont présentés à nous comme des unités séparées les unes des autres, et dont les rapports ne se formaient que par l'intermédiaire de leurs droits. — Mais cet état de séparation n'est pas celui de l'existence primitive des hommes. Au contraire, le premier homme seul a pu naître en dehors de toute relation sociale; les autres, en naissant au sein d'une famille, se trouvent au milieu d'une société déjà constituée; et, ne pouvant se passer d'un appui, ils restent plus ou moins de temps auprès des auteurs de leurs jours, dont ils n'ont ainsi la possibilité de se séparer que par la suite.

De cette manière, nous apprenons à connaître l'homme sous un nouveau point de vue; et si nous l'avons vu séparé de ses semblables à certains égards, nous le voyons, à d'autres, en relation avec eux, la société étant même l'état primitif et nécessaire de son existence terrestre.

Ce fait est d'une grande importance lorsqu'on étudie la société humaine, puisque les résultats seront nécessairement différents, si on prend pour point de départ l'homme tel qu'il existe dans la réalité, c'est-à-dire en réunion avec ses semblables, ou si on fait abstraction de ces rapports primitifs pour le considérer comme un être isolé d'origine. Dans ce dernier cas, tous les rapports de l'individu avec ses semblables paraîtront être uniquement le résultat spontané de sa volonté, et on perdra de vue cette circonstance, que les premières relations sociales sont, au contraire, imposées à l'homme par la nature, et qu'elles se confondent avec l'origine de son existence elle-même.

Posée ainsi, cette question n'est pas sujette à discussion; et cependant elle a été laissée dans le vague par la plupart des philosophes et des publicistes qui ont écrit sur l'origine de la société. Déjà Aristote a dit, en parlant de ce sujet : « La cité, ou la société civile, est le premier objet « que se propose la nature. Le tout est nécessai- « rement avant la partie. Les sociétés domesti- « ques et les individus ne sont que les parties « intégrantes de la cité, toutes subordonnées au « corps entier. » (*Politique d'Aristote*, traduite par Millon, t. I, p. 11.) — L'État est pris ici comme un produit tout achevé de la nature, au lieu d'être considéré comme le résultat d'un développement successif. Aussi Aristote lui-même reconnaît-il ailleurs que l'État se développe de son germe, la famille; et quoique la formation de l'État ne soit pas toujours telle, car il peut également provenir d'une réunion d'individus étrangers les uns aux autres, cependant la famille étant la source productive de ces êtres humains, c'est toujours elle qui est la cause génératrice de l'État, et vient ainsi avant lui, et dans l'ordre du temps et dans l'ordre des idées.

Tous les auteurs aussi qui placent l'origine de la société humaine dans une convention quelconque, prennent un point de départ qui n'est pas conforme à la réalité. Une convention, soit générale, comme celle qu'on comprend sous la dénomination de contrat social, soit particulière, comme celle qui résulte des besoins individuels, est un acte par lequel commence seulement la réunion d'individus, séparés auparavant à l'égard de l'objet sur lequel ils s'accordent. Il s'ensuit que toute société qui commencerait par un contrat ferait supposer la séparation antérieure de ses membres. Or cette supposition est inadmissible, en ce qui concerne les premiers rapports de l'homme avec ses semblables, puisqu'il s'y trouve engagé du moment même de sa naissance.

La famille étant ainsi la première société possible pour l'homme, il importe d'examiner les rapports qui y existent, avant de procéder à l'étude de ceux qu'il contracte plus tard. Mais comme ils ne sont le produit spontané de la nature intime de la famille que lorsqu'ils se trouvent en dehors de toute influence extérieure, il s'ensuit que ces rapports ne peuvent être reconnus dans leur pureté que dans la famille normale, c'est-à-dire dans celle dont le chef est indépendant de tout pouvoir supérieur, tâche d'autant plus praticable, que la réalité nous offre bien des exemples de ces pères de famille souverains.

Un sentiment de nature particulière et le besoin d'assistance intellectuelle et physique réunissent l'homme et la femme.

Plus ce sentiment a d'intensité, plus il est exclusif. Il constitue le caractère distinctif de l'union conjugale, qui se perd dans la polygamie [1].

De cette union d'une ou de plusieurs femmes avec l'homme, naissent des êtres dénués de toute ressource, de tout moyen d'existence, et qui périraient infailliblement si un sentiment

[1] « Die Ehe ist wesentlich Monogamie, weil die Persönlichkeit, die unmittelbare ausschliessende Einzelnheit es ist, welche sich in dies Verhältniss legt und hingiebt, dessen Wahrheit und Innigkeit (die subjective Form der Substantialität) somit nur aus der gegenseitigen ungetheilten Hingebung dieser Persönlichkeit hervorgeht; diese kommt zu ihrem Rechte, im Andern sich selbst bewusst zu sein nur in sofern das Andere als Person d. i. als atome Einzelnheit in dieser Identität ist. » (*Naturrecht* v. HEGEL. S. 174.) « Das Sittliche der Ehe besteht in dem Bewusstsein dieser Einheit als substantiellen Zweckes, hiemit in der Liebe, dem Zutrauen und der Gemeinschaft der ganzen individuellen Existenz. » (*Loc. cit.* HEGEL. S. 169.)

profond ne portait les auteurs de leurs jours à leur donner les soins que réclame leur faiblesse.

Les soins et l'affection dont l'enfant est l'objet réveillent en lui la piété filiale; la grande supériorité des facultés physiques et intellectuelles de son père lui inspire la crainte et le respect. L'état de dénûment de l'enfant a une longue durée, et il prend insensiblement l'habitude de la dépendance de celui qui toujours lui commande, et qui toujours pourvoit à ses besoins. L'habitude exerce une influence incalculable sur la nature humaine, et l'enfant devenu grand s'est fait imperceptiblement à un état de dépendance.

C'est ainsi que la piété et la confiance, le respect, l'exemple des autres et l'habitude, d'une part, de l'autre les mêmes sentiments d'affection et de confiance, unissent les membres de la famille.

Le besoin d'assistance réciproque leur fait de plus sentir l'utilité de cette union. En sortant de l'enfance, les fils trouvent encore de l'avantage à rester auprès de leur père, et à prendre part à son avoir, au lieu d'aller en chercher au loin, et le chef voit aussi sa puissance grandir, à mesure que le nombre de ses descendants augmente.

Tous ces mobiles moraux de sentiment et d'intérêt personnel constituent un ensemble qu'on nomme *les liens de famille*. Ils neutralisent les causes qui pourraient affecter l'unité de la famille et la resserrent de manière que les individus dont elle se compose se considèrent comme une seule masse indissolublement unie[1].

Mais l'effet de ces liens ne reste pas limité à la famille, et nous verrons que, modifiés à certains égards, on les retrouve dans la société à grandes dimensions.

Il suffit de suivre la formation naturelle de la famille primitive, comme nous venons de le faire, pour se convaincre que les rapports qu'on y aperçoit ne sont pas le produit du libre arbitre de l'homme, mais sont une conséquence de la nature des choses. Plus tard, dans un état social plus avancé, la famille change de caractère. Les

[1] On a longtemps considéré, en Russie, le père et les enfants comme indissolublement unis. C'est ainsi que les enfants étaient condamnés par l'ancienne législation russe à la peine de mort dans le désert (peine qu'on nommait *potok*), avec leur père, si celui-ci avait commis un meurtre sans qu'une querelle y eût donné lieu. — Nous citerons aussi une convention conclue au commencement du XIIIe siècle, entre Novgorod et les habitants de l'île de Gottland, où il était stipulé que les enfants devaient être vendus avec le père, si ce dernier ne pouvait pas satisfaire ses créanciers.

rapports entre ses membres et le chef n'en restent pas aux deux facteurs de l'autorité et de la soumission, mais sont déterminés par une règle venant du dehors, par la législation établie pour toute la société.

Après avoir pris la famille comme un produit naturel, il s'agit maintenant de trouver les idées qui en déterminent les rapports.

2° *De l'idée de l'autorité.*

Nous avons déjà indiqué le point de départ de l'idée de l'autorité. Elle paraît à ce moment où l'idée du droit se sépare en deux courants différents, dont l'un constitue l'idée de justice ; — l'autre courant est déterminé par la persistance de l'idée du droit, bien que les conditions extérieures de son existence aient changé. C'est à dire que l'homme ne s'arrête pas à l'idée que son semblable est d'égale valeur à la sienne, perception qui constitue l'idée de la justice, mais tient surtout à l'idée de sa propre supériorité sur les objets qui lui appartiennent, quand même ils deviennent partie intégrante d'un autre individu. Il résulte de cette dernière manière de voir, une grande adhésion entre l'homme et sa propriété, — en sorte que le lien qui les unit acquiert une grande durée ou force de résistance.

Ce n'est pas qu'à ce point de vue l'homme conteste l'égale valeur de son semblable, mais il n'a pas la conscience de cette idée, féconde en conséquences. Elle ne se fait jour que plus tard, par un mouvement général des idées qui constitue le progrès intellectuel.

Conformément à cet ordre dans le progrès des idées sociales, il pourrait sembler que nous aurions dû nous occuper de l'idée de l'autorité avant celle de la justice. — Mais nous avons déjà fait observer que les idées ne se suivent pas dans un ordre chronologique quelconque.

Elles existent toutes dès l'origine de la société, et se produisent seulement successivement d'une manière plus marquée les unes que les autres.

La première création de l'idée du droit, le droit général ou indéterminé, serait restée incomprise si nous ne l'avions expliquée par les formules précises du droit civil, qui se constitue en conséquence de l'idée de la justice. Et une fois entrés dans le courant de cette idée, nous avons dû la suivre jusqu'au terme de ses développements. Mais après avoir accompli cette tâche, nous devons revenir à ce point, dans l'idée du droit, — où prennent naissance l'idée de la justice et l'idée de l'autorité, pour suivre cette dernière dans les évolutions qu'elle parcourt.

Nous commencerons par l'étudier à ce moment où elle apparaît dans le monde réel.

Lorsque le père de famille livre aux siens les aliments et les autres objets nécessaires à leur existence, il arrive l'un des deux : les liens du droit, entre l'individu et les objets, se rompent, et ceux-ci deviennent la propriété d'un autre individu, ou bien les liens du droit persistent. — Dans ce dernier cas, les objets continuent à appartenir au père de famille, quoique transformés par le travail de la nature en partie intégrante du corps d'un autre individu.

L'idée du droit, arrivée à cette phase de son existence, présente par conséquent deux significations. — Selon l'une, le droit cesse d'exister, ou ne se conserve que dans une mesure restreinte lorsque son objet passe dans le corps d'un autre individu. Selon l'autre signification, le droit persiste, et dans ce cas il n'y a plus de limites à son extension.

L'intention dans laquelle les objets ont été livrés doit par conséquent être prise en considération. Mais on chercherait vainement l'indication précise d'une intention dans le cas dont il s'agit. Les hommes n'ont une perception nette des idées, tant du droit que de la liberté, que lorsque leur intelligence est arrivée à un degré de développement considérable. Et néanmoins, quoique comprises d'une manière instinctive, elles déterminent les actions des hommes. — On ne saurait donc apprécier la valeur du fait dont il s'agit que par le sens tacite qu'il est reçu d'y attacher.

S'il est dans l'esprit de l'époque de laisser l'idée du droit prendre un développement illimité dans les rapports sociaux, et d'en exclure l'idée de la liberté, le droit du père de famille, relativement à ceux qui dépendent de lui, arrivera à ce degré de puissance qu'il a atteint chez les Romains et chez presque tous les peuples, à l'époque primitive de leur existence sociale.

Le droit du père de famille sera d'autant plus illimité que les aliments qui ont servi à la formation de l'enfant dans le sein de sa mère lui appartiennent déjà.

Elle-même subira l'effet de ces conséquences extrêmes du droit; car, dans l'état social primitif, celui qui prend une compagne en paye une rançon à son père ou à celui qui jusque-là avait autorité sur elle. Ce prix donné pour la femme n'a d'autre signification que celle d'être un équivalent des objets qu'elle avait consommés jusque-là; en sorte que l'époux, en en restituant la valeur, est censé avoir racheté le droit qu'un autre avait à la personne de la femme, qui dès lors passe en sa possession.

Des objets appartenant à un individu, passent à un autre dont le corps prend de la croissance par l'absorption de ces objets. Et s'il est dans l'esprit du temps de ne pas tenir compte du principe spirituel dont tout corps humain est doué, ou de ne lui assigner qu'une valeur inférieure à celle de l'élément matériel, le lien extérieur du droit, on ne verrait pas dans la transformation des objets, opérée ainsi, un motif assez puissant pour les détacher du premier propriétaire.

Cette manière d'apprécier le rapport entre l'esprit et la matière est donc la conséquence du développement excessif de l'élément matériel du droit, ou de l'esprit militaire, car dans ce cas aussi, l'élément physique de la force acquiert la prépondérance sur l'esprit.

Or c'est précisément sous l'influence de ces idées, — d'ailleurs nullement comprises, — que les premiers rapports sociaux se forment, et une fois constitués ils se conservent longtemps dans les mêmes conditions. L'intérêt des hommes placés à la tête d'un ordre de choses quelconque, le besoin d'ordre et de stabilité sociale, concourent à le faire durer.

Ainsi, l'idée du droit, lorsque rien n'entrave son développement logique, se présente dans de nouvelles conditions signifiant la propriété étendue au corps même d'un autre individu. Cette phase de l'idée du droit constitue *l'idée de l'autorité.*

Le droit, dans cette dernière phase, comme à tous les autres degrés de son développement, présente un côté spirituel et un côté matériel.

Le principe spirituel de l'autorité n'est autre que la volonté du chef, et le principe matériel est représenté par les corps des individus soumis à la volonté supérieure.

L'idée du droit ayant produit celle de l'autorité, nous sommes arrivés au terme des développements dont l'idée mère est susceptible.

L'idée de l'autorité ne rencontre pas de principe modérateur dans tout l'ordre d'idées auquel elle appartient. Si rien ne l'arrête, elle arrive, par le mouvement dialectique qui lui est inhérent, aux dernières conséquences d'un pouvoir illimité. Mais cette interprétation rigoureuse de l'idée du droit se modifie, lorsque l'idée de la liberté arrête les développements unilatéraux de l'idée du droit, pour lui faire prendre la direction de l'idée de la justice. Il s'ensuit que l'idée de l'autorité cesse de représenter le droit indéfini. L'idée du droit se modifie, parce que l'égale valeur spirituelle de tous les hommes est reconnue enfin. En sorte que les objets qui passent dans le corps d'un autre individu, et sont mis par là en contact immédiat avec sa volonté, en subissent l'influence, de manière à constituer un nouveau droit.

Deux volontés s'y trouvent combinées, celle de l'ancien et celle du nouveau propriétaire. La part faite à chacun d'eux, c'est-à-dire le degré d'extension accordée à l'autorité, dépend précisément de la manière dont les hommes, aux différentes époques de leur histoire, interprètent les idées de droit.

La signification qu'on attribue aux idées du droit donne, par conséquent, la mesure de l'autorité fondée sur le droit; plus leur portée est restreinte, et plus aussi l'est celle de l'autorité, jusqu'à ce qu'elle arrive au niveau de cette autre autorité, issue des idées de la liberté, dont nous expliquerons plus loin l'origine et la portée.

Leur mouvement dialectique se fait en sens inverse à celui que suivent les idées du droit.

Les tendances opposées de ces deux ordres d'idées amènent entre eux une lutte qui déplace continuellement leur limite ou leur relation réciproque. Car cette limite varie selon le degré de développement que chacun d'eux acquiert par suite des circonstances, et particulièrement sous l'influence de l'esprit du temps.

Il s'ensuit que l'idée de l'autorité ne trouve pas d'élément modérateur en elle-même, mais rencontre ce contre-poids au dehors, dans l'idée de la liberté. Et on verra plus loin comment ces deux principes opposés se combinent, comment ils se balancent, reculent ou avancent, et produisent par ces modes d'existence différents des formes sociales diverses.

3° *Des différentes modalités de l'autorité.*

Nous avons vu, en examinant la nature du droit, qu'il se présente tantôt en état d'immobilité, tantôt comme mobile, et que son acquisition, de même que son exercice, ne s'opèrent que par le mouvement. Cependant ce mouvement se bornerait déjà à une simple indication de la voix, s'il s'agissait de l'exercice d'un droit relativement aux animaux domestiques qui auraient appris à connaître la signification de ce commandement. A plus forte raison, lorsque l'individu humain est devenu l'objet du droit, celui-ci peut-il être exercé par le commandement seul, qui prescrit à l'individu soumis au droit une action quelconque : l'exécution de ce commandement réalisera l'exercice du droit devenu autorité.

Nous voyons ainsi deux volontés humaines, dont l'une commande, l'autre obéit; dont l'une est supérieure, l'autre inférieure : en sorte qu'elles présentent l'apparence de l'inégalité. Mais il est à observer que ce rapport entre les deux volontés ne porte pas sur le principe spirituel considéré en lui-même, mais sur ses manifestations extérieures, les actions. L'une des volontés détermine l'autre à suivre une impulsion différente de la sienne, pour l'action. En supposant le droit d'autorité dans toute sa rigueur, l'individu pourra faire mouvoir, en conséquence de ce droit, le corps d'autrui comme si c'était le sien, l'individu soumis à ce droit extrême n'ayant pas la propriété de son corps. C'est ainsi qu'une action quelconque étant commandée à l'individu qui se trouve dans la dépendance, celui-ci exécute la volonté étrangère, n'ayant pas le droit d'agir conformément à la sienne propre.

Mais de cette direction, exercée en vertu du droit, il faut distinguer celle que nécessite l'insuffisance des facultés intellectuelles dans l'individu jeune ou affecté de quelque défaut d'organisation. La spiritualité n'est identique, ou d'égale valeur en tout homme, que par son essence seule. Son apparition extérieure dépend de l'organisation individuelle, du développement de cette organisation, d'influences locales et matérielles. Il s'ensuit que, quoique le principe spirituel soit toujours le même, il ne se manifeste pas de même; qu'il peut s'arrêter à une des gradations du développement par lequel il passe, qu'il peut s'obscurcir, et que souvent même il ne parvient pas à se manifester du tout.

Dans tous ces cas, l'essence spirituelle de l'individu humain reste d'égale valeur à celle des autres; mais, comme il ne peut en faire le même usage, il se trouve à cet égard dans un état d'infériorité envers ses semblables. Pendant l'enfance de l'homme, et souvent même par la suite, cette inégalité est si grande, qu'elle ne permet pas à l'individu de se passer d'assistance intellectuelle. Celle-ci prend alors le nom de tutelle ou de curatelle, selon qu'elle se rapporte à la direction de la personne ou à celle de la propriété.

Plus l'intelligence est faible, plus elle est soumise aux influences matérielles [1]. C'est pourquoi l'enfant se laisse déterminer plutôt par ses besoins et ses penchants; mais comme ceux-ci n'ont pu prendre encore de force en lui, ses velléités passent aussi facilement qu'elles lui viennent, surtout lorsqu'il rencontre une volonté forte et motivée, là où la sienne ne sait pas se décider encore.

C'est ainsi que l'enfant prend l'habitude de la soumission [2] à une autre volonté. Mais le père de famille, ne pouvant diriger toutes les actions des siens, leur donne des préceptes pour leur conduite en général. A mesure que ces règles de

[1] L'influence presque exclusive que Montesquieu et d'autres auteurs attribuent au climat sur les dispositions de l'homme, n'est motivée qu'en tant que le corps possède la prépondérance sur l'esprit. Cette influence se perd ainsi à mesure que l'esprit se développe et qu'il acquiert la prépondérance sur le corps, à son tour.

[2] L'homme respecte plus par habitude que par sentiment; il en est de même de l'obéissance. » (*Institution du droit de la nature et des gens*, par le comte de Rayneval, p. 38.)

conduite cessent d'être l'expression de la volonté individuelle et changeante du père de famille et qu'il s'y conformera lui-même, aussi bien que ceux qui dépendent de lui, elles prendront un caractère de généralité et mériteront la dénomination de coutumes ou de lois.

Telle est l'origine de la législation, dans la société, qui se constitue conformément à l'idée seule du droit.

Dans cette société, la législation n'a d'autre but que celui de maintenir l'ordre extérieur. Plus tard, à mesure que les idées de justice sont comprises, la législation tend à se constituer sur la base que cette idée lui présente.

Les fonctions, à l'aide desquelles l'autorité exerce la législation, se nomment *pouvoir législatif*, et celles qui servent à maintenir les lois et à en faire l'application, se nomment *pouvoir judiciaire* [1].

Lorsque les idées de droit, ou celles de liberté, prennent un développement unilatéral, elles

[1] L'idée de l'autorité, dans son ensemble, porte le nom *d'autorité*, mais chacune de ses parties, prise séparément, se nomme *pouvoir*. On dit les trois pouvoirs, et non les trois autorités. Mais lorsque les parties se balancent, on les nomme chacune autorité. — C'est ainsi qu'on dit *l'autorité spirituelle*, par opposition à *l'autorité temporelle*.

donnent une autorité forte et indivise. Mais lorsque l'idée de liberté arrête le développement illimité de l'idée du droit, et produit par là l'idée de la justice, celle-ci tend à se réaliser par la législation et par les différentes institutions judiciaires, conformément à sa propre idée, — c'est-à-dire qu'elle tend à se rendre indépendante, tant des idées du droit que de celles de la liberté.

C'est ainsi que l'idée de la justice prend un mouvement dialectique qui lui est spécial, et que l'objet de ce mouvement, la législation et les institutions judiciaires, diffère des objets des idées du droit et de l'autorité. Mais, quoique l'idée de la justice se distingue de l'idée de l'autorité, elle ne peut se réaliser que par l'intermédiaire de l'autorité. — Pratiqués par les individus, les produits de l'idée de justice resteraient à l'état d'idées personnelles, sans portée générale et obligatoire pour tous ; — et c'est par cette raison que les pouvoirs législatif et judiciaire forment constamment partie intégrante de l'autorité publique.

Le pouvoir législatif et le pouvoir judiciaire se rapportent aux actions comme manifestations extérieures de la volonté intelligente. Une autre partie de l'autorité a pour objet le principe spirituel qui est la cause de ces manifestations, et se nomme, par cette raison, l'*autorité spirituelle.* Elle répond à ces aspirations de l'homme, qui le portent à chercher en dehors de lui-même la vérité. Celle-ci lui est apprise par une tradition, que tous les peuples croient émaner d'un Être suprême. L'autorité spirituelle se constitue sur la base de cette tradition, qu'elle a pour tâche de conserver dans sa pureté et d'interpréter.

Sans tradition, l'autorité spirituelle ne saurait exister, car ce n'est pas par la supériorité intellectuelle, mais par la foi, qu'elle dirige les hommes.

Mais de même que l'intelligence sert de moyen pour augmenter et pour perfectionner l'effet des forces physiques dont l'homme dispose, elle peut servir aussi de moyen à la conservation et à la propagation de la foi. Seulement, dans ce cas, elle reste subordonnée au but, de même qu'elle lui est subordonnée lorsqu'elle sert à l'usage des forces physiques.

En outre des pouvoirs qui règlent les actions et la volonté des hommes, l'autorité en contient d'autres qui ont pour objet la sécurité intérieure et extérieure de la société, ses moyens d'existence, ainsi que ses besoins intellectuels et matériels. — Ces différentes attributions de l'autorité constituent autant de pouvoirs distincts : le pouvoir militaire, l'administratif, le financier, etc. Ils se dirigent vers un but d'utilité, et leur progrès ou perfectionnement consiste à trouver les moyens les plus appropriés au but.

En outre de toutes ces différences que l'autorité présente, elle est susceptible de se diviser autrement encore, en se fractionnant de manière que chaque partie contienne l'autorité entière. Tel est le cas lorsque, par suite de la trop grande extension extérieure de l'État, il se morcelle, soit définitivement, soit passagèrement. Le partage de l'empire romain en deux États distincts nous offre un exemple de ce premier cas ; la division de l'État en proconsulats, satrapies et fiefs, avec l'exercice de l'autorité tout entière, présente un exemple du second cas.

§ II. — Les formes sociales.

1° *La monarchie.*

a. — De l'état patriarcal.

Nous avons étudié les rapports que le droit produit parmi les hommes, pris individuellement, ou groupés par familles. Mais, à mesure que leurs réunions grandissent, elles prennent des formes déterminées où l'on reconnaît certains traits caractéristiques qui peuvent servir de base à leur classification.

Nous commencerons par celles de ces formes sociales qu'on nomme monarchiques.

Elles se composent de trois variétés, selon qu'elles se constituent sur la base du droit individuel indéterminé, sur celle de la force militaire ou de l'autorité spirituelle.

La famille primitive peut se modifier; quelques-uns de ses membres la quitteront encore du vivant du chef, si telle est la coutume du pays [1].

[1] « Le P. Duhalde dit que, chez les Tartares, c'est toujours le dernier des mâles qui est l'héritier, par la raison qu'à mesure que les aînés sont en état de mener la vie patriarcale, ils sortent de la maison avec une certaine quantité de bétail que leur père leur donne, et vont former une nouvelle habitation. Le dernier des mâles qui reste dans la maison avec son père est donc son héritier naturel. J'ai ouï dire qu'une pareille coutume était encore observée dans quelques petits districts d'Angleterre. C'est sans doute une loi pastorale venue de quelque petit peuple breton, ou portée par quelque peuple germain. » (MONTESQUIEU, *de l'Esprit des lois*, t. II, p. 130.) — La même coutume se retrouvait en Russie bien avant l'invasion des Tartares, et existait, plus ou moins modifiée, parmi les races germaniques. — Le vieux poëte normand Robert Wace, ainsi que l'annaliste Willelmus Gemmeticensis (lib. I, cap. 4, 5, ap.), disent que le père obli-

La mort peut devenir un signal de séparation pour tous les autres. Dans l'un et l'autre cas, le développement ultérieur de la famille, comme unité, serait arrêté. Mais il se pourra aussi que la famille reste unie même à la mort du chef, et qu'un autre le remplace dans toutes ses attributions.

Libre de disposer de sa propriété, le père de famille pourra faire donation à son successeur de tous les biens meubles et immeubles qu'il laisse après lui. Par la même raison, il pourra transférer ses droits sur les objets qui constituent la base de son autorité, et dont il avait conservé jusque-là la propriété. Car nous avons déjà fait voir que cette propriété ne diffère en rien des autres droits, conformément aux idées de certaines époques.

Le père de famille ayant transmis la base matérielle de son autorité à son successeur, celui-ci se trouvera à même d'en exercer toutes les attributions, le commandement, le pouvoir de prescrire une règle de conduite et celui d'en faire

geait d'ordinaire ses fils à le quitter lorsqu'ils étaient devenus grands, à l'exception d'un seul. Saxo Grammaticus dit la même chose (lib. IX, p. 264). — Voyez Eckendahl, *Geschichte des Schwedischen Volks und Reichs*, t. I, p. 270.

l'application. L'autorité spirituelle est également susceptible d'être transmise, puisque la science et la doctrine peuvent l'être ; surtout si la doctrine religieuse était enveloppée de mystères qui ne seraient intelligibles qu'à celui qui y aurait été initié.

En nommant un successeur, le chef ne suivra que l'impulsion de la prédilection particulière pour l'un d'eux, ou bien, ayant en vue principalement le bien de tous, il aura égard à la sagesse supérieure du plus âgé [1]. Ou bien encore, prenant en considération que son fils aîné aurait été le plus ancien s'il avait vécu, et que le fils de celui-ci succéderait ensuite si cet ordre naturel n'avait pas été interverti par une mort prématurée, il se décidera pour ce dernier mode de succession, quand même il en résulterait

[1] Presque tous les peuples ont suivi un pareil ordre de succession, à une époque peu avancée de leur développement social, et dans la plupart des pays de l'Orient il est en vigueur jusqu'à nos jours. En Russie, le fils du dernier monarque cédait constamment le pas à son oncle jusqu'en l'année 1389, que cet ancien ordre de succession fut aboli par un traité conclu entre le grand prince Dimitry et son cousin germain le prince Wladimir ; ce dernier, ayant reconnu son neveu Basile comme *frère aîné*, lui abandonna ses droits au trône de la grande-principauté. (*Histoire de Russie*, par KARAMZIN, t. V, p. 100.)

quelque inconvénient, par suite de l'inexpérience du jeune chef.

Si, pour la nomination de son successeur, le chef adopte de plein gré, ou par suite de la substitution faite par son prédécesseur, le même motif qui a amené sa propre nomination, un ordre de succession régulier quelconque s'introduira dans la famille et passera dans ses mœurs.

La stabilité dans la succession des chefs devient un noyau solide, auquel viennent aboutir tous les intérêts matériels de la famille, et qui maintient son unité dans le moment le plus critique, celui où elle change de chef.

Dans ces conditions, la famille s'agrandira, les domiciles se multiplieront, mais l'autorité du chef supérieur continuera à s'étendre aux personnes et aux propriétés des individus qui dépendent de lui. Un tel état de dépendance devient plus onéreux, à mesure que, la société s'agrandissant, les liens du sentiment ne tempèrent plus aussi efficacement que dans la famille simple ce qu'il y a de rigoureux dans ces rapports sociaux. D'un autre côté, l'autorité du chef continuant à être la même, il l'exercera avec moins de ménagement à l'égard d'individus qui lui sont devenus presque étrangers, surtout si l'esprit de l'époque ou du pays lui permet d'en user arbitrairement. — Mais quelle que soit l'étendue de l'autorité à laquelle sont soumises les familles secondaires, les rapports intérieurs de celles-ci se trouveront essentiellement modifiés, en raison de la dépendance de leurs chefs à l'égard d'un chef supérieur.

Dans la société patriarcale, le droit individuel du chef a une si grande force d'adhésion, que la séparation s'y introduit difficilement : en sorte que le chef conserve la propriété des terres, dont il n'accorde que l'usufruit aux familles qui se trouvent dans sa dépendance [1]; celles-ci res-

[1] Le professeur Strahl dit, dans son *Histoire de Russie :* « Die Pravda (Recueil d'anciennes lois russes) erwähnt nur des Erbrechtes in Bezug auf den beweglichen Nachlass und übergeht das immobile Vermögen mit Stillschweigen, wahrscheinlich weil bei der Menge des unbenutzten Grund und Bodens, die Theilung der Erbgüter überflüssig war und das viele öde liegende Land nur urbar gemacht zu werden brauchte, um zu neuen Niederlassungen benutzt zu werden, oder weil der Besitz des Bodens noch gemeinschaftliches Familiengut war. » (*Geschichte des Russischen Staats*, v. P. STRAHL, t. I, S. 408.)

Il existe, du reste, d'autres témoignages historiques qui mettent hors de doute la question dont il s'agit ici. Tacite et César nous apprennent que cette coutume était en usage parmi les peuples de la Germanie. — Tacite dit, au chap. XXVI de son célèbre ouvrage sur les Germains : « Agri pro numero cultorum ab universis per vices (ou, comme d'autres lisent, *per vicos*), oc-

tent auprès de lui, et forment ainsi, selon leur genre de vie, soit une tribu nomade, soit un village, et par la suite un bourg et une ville[1].

cupantur, quos mox inter se secundum dignationem partiuntur. » César (*de Bell. Gall.*, lib. IV) dit : « Sed privati ac separati agri apud eos (Suevos) nihil est : neque longius anno remanere uno in loco incolendi causa licet. » Et en parlant des Germains en général, il observe (*loc. cit.*, lib. IV) : « Haud quisquam agri modum certum, aut fines proprios habet; sed magistratus et principes in annos singulos gentibus cognationibusque hominum, qui una coïverunt quantum eis et quo loco visum est attribuunt agri, atque anno post alio transire cogunt. »

L'historien Lingard certifie, d'un autre côté, que cette coutume patriarcale a été générale dans toute la Grande-Bretagne : « Gravelkind is that species of tenure by which lands descend to all the sons equally, and without any consideration of primogeniture. It prevailed in former ages among all the British tribes, and some relics of it, in an improved form, remain in England even at the present day. Among the Irish it existed as late as the reign of James I and still retained the rude features of the original institution. While it excluded all the females, both the widows and the daughters, from the possession of land, it equally admitted all the males without the distinction of spurious or legitimate birth. Yet these did not succeed to the individual lands held by their father. At the death of each possessor the landed property of the sept was thrown into one common mass : a new division was made by the equity or caprice of the Canfiny, and their respective portions were assigned to the different heads of families in the order of seniority. » (*A History of England*, by LINGARD, t. II, p. 95.)

[1] « La société qui s'est ensuite formée de plusieurs maisons s'appelle hameau, et ressemble parfaitement à la première société naturelle (la famille), à cela près qu'elle n'est ni de tous les mo-

Cependant la famille ne peut pas s'étendre indéfiniment en continuant à rester réunie. Lorsque les travaux indispensables à son existence se trouvent entravés par une agglomération trop considérable d'individus sur un seul point, le moment de sa séparation devient inévitable. Et ce moment lui-même se trouve déterminé par la nature des occupations de la société et le degré de son développement intellectuel. C'est ainsi qu'une réunion de pasteurs vivant de l'entretien de troupeaux, ou une réunion d'agriculteurs, ne peut pas s'agrandir autant sur un seul point

ments, ni d'une fréquentation si continuelle. Elle renferme les enfants et les petits-enfants, tous nourris du même lait. C'est en quelque sorte une colonie tirée de la première par la nature. » (*Politique* d'Aristote.) — Bien des peuples ou peuplades ont conservé, par tradition, le nom du chef dont ils sont issus, et la croyance qu'ils se sont constitués par l'agrandissement d'une seule famille. « Nach der Tradition der Hebräer, hatte Sem der Sohn Noah's fünf Söhne. In diesen fünf Söhnen Sems, sind eben so viele Länder und Stämme leicht zu erkennen.... Von Abraham's ältestem Sohne, dem Ismaël, stammen die Nebajoth, die Kedreer, die Ituräer, die Themaniter. Die Ammoniter und Moabiter waren Nachkommen des Bruders Abraham's, des Lot; die Domiter stammen ab von dem ältesten Sohne Isaaks, dem Esau, etc.

« Die Araber selbst folgen in ihrer einheimischen Tradition, über ihre Abstammung, im wesentlichen den Schriften der Hebräer. » (Geschichte des Alterthums, von Dunker. S. 108--133.)

qu'une réunion d'hommes subsistant de commerce, de métiers, etc.

Il est évident par là que la grandeur d'une réunion d'hommes dépend de différentes circonstances, de la bonté du sol, de la convenance des localités, etc. Mais lorsqu'elle a dépassé les limites que la nature des choses lui assigne; il en résulte un malaise et une gêne pour tous ses membres, et la nécessité d'une séparation se fait sentir.

Ceux qui ont le moins à perdre en quittant le chef-lieu, et qui ont le plus à souffrir de son trop d'agrandissement, c'est-à-dire les individus les plus indigents, ou les mécontents, par quelque raison que ce soit, seront les plus disposés à former un nouvel établissement.

L'émigration peut se faire aussi d'une manière différente. Lorsque plusieurs familles se trouvent réunies, chacune d'elles ne forme plus une masse aussi compacte que la famille isolée, puisqu'une augmentation de sécurité, une diminution du besoin d'assistance, les localités mêmes séparent plus facilement leurs membres. Si cependant une grande force d'adhésion, fondée sur les coutumes, maintenait la connexion entre les individus des différentes branches de familles agrandies, ils formeraient en quelque sorte une société à part, laquelle, se sentant gênée dans son développement ultérieur, quitterait l'endroit, comme un essaim sortant d'une ruche, pour se domicilier plus loin [1].

Ces colonies de l'un et de l'autre genre pourraient conserver leurs rapports avec la tribu mère, surtout si elles se sentaient trop faibles pour vouloir même sortir de leur état de dépendance. Mais si elles trouvent la sûreté et les moyens d'existence dans leurs propres ressources, il sera possible que ces rapports se modifient ou se relâchent au point que leur durée vienne à

[1] Toutes les anciennes villes, en Russie, avaient des villes filiales, nommées *prigorod*, qui étaient leurs colonies. C'est pourquoi elles étaient censées faire partie de la ville mère, comme leur nom l'indique déjà, quoique souvent elles fussent à de grandes distances. Cette circonstance offre l'explication du singulier fait qu'en Russie les villes tenaient compte de leur ancienneté et y attachaient une grande importance, de même que les familles. C'est ainsi qu'à la mort du grand-prince de Wladimir, André (1174), les habitants de l'antique ville de Rostoff traitèrent la ville de Wladimir de prigorod, quoiqu'elle leur fût supérieure en puissance, et prétendirent qu'une ville d'origine aussi récente était indigne d'avoir un prince et devait se contenter d'avoir un gouverneur. Les habitants de Wladimir nesurent se défendre de pareilles accusations qu'en alléguant faussement que c'était le premier Wladimir qui était fondateur de leur ville, et que par conséquent son origine était ancienne.

dépendre de circonstances fortuites, de la distance de leurs établissements, de la fréquentation des mêmes temples ou lieux sacrés [1].

Cependant ce n'est pas par la génération seule que la famille peut s'accroître, elle peut s'augmenter aussi par l'admission d'étrangers. Si le nouveau venu y était amené par le besoin d'assurer son existence, s'il n'obtenait la main d'une des filles de la famille qu'à la condition d'en faire partie, ou s'il y était admis par un autre motif quelconque, les coutumes établies dans la famille ne sauraient être changées à cause du nouveau venu. Il ne lui resterait ainsi d'autre choix que de s'y soumettre et de reconnaître l'autorité du

[1] Tel était le faible lien qui unissait les tribus slaves entre elles. Leurs chefs, se trouvant réunis en quelque lieu consacré au culte des dieux, délibéraient ou prenaient des mesures en commun. Mais comme aucun de ces chefs indépendants n'était tenu d'obéir aux autres, la force seule dictait leurs décisions. *Dithmar* de Mersebourg, en nous donnant la description d'une assemblée pareille tenue dans le temple de Rethre (dans le Mecklenbourg), dit que les puissants y faisaient donner des coups de bâton à ceux qui différaient de leur avis, et se vengeaient ensuite par le fer et le feu de l'opposition qu'ils avaient éprouvée, en imposant de plus à leurs adversaires des amendes en punition (*Chronicon*, l. VI, p. 151). Cependant il est évident que des liens semblables ne sauraient avoir de durée, et qu'ils doivent se rompre entièrement ou prendre plus de consistance. L'histoire de la Grèce nous offre un exemple de ce dernier cas.

chef, telle qu'elle est constituée. De cette manière l'autorité du père de famille à son égard ne sera plus une conséquence du droit, mais résultera de la volonté même du nouveau venu. La position de ce dernier pourra être assimilée à celle d'un fils de la famille [1], et si cette assimilation est expressément énoncée, elle se nomme adoption.

Outre l'accroissement par génération ou par l'admission d'étrangers, de leur plein gré, la famille peut s'agrandir aussi par des moyens de violence. Une tendance innée portant l'homme à étendre ses moyens et ses facultés à l'infini, le moment arrive nécessairement où il en vient à se trouver en contact avec les droits d'autrui. La justice commande de s'arrêter alors; mais il peut la méconnaître et avoir recours à la force pour s'étendre plus encore. L'agresseur en ayant appelé à la force, la partie adverse restera dans les bornes de la justice, en repoussant également la force par la force.

Cette agression est de nature différente, et

[1] Les guerriers qui entouraient les boyards, en Russie, ne portèrent pas d'autre nom, pendant des siècles, que celui d'*enfants de boyards* (déti boyarskie), quoiqu'ils leur fussent entièrement étrangers.

varie en importance : lorsqu'elle est commise par un ou plusieurs individus agissant indépendamment de l'autorité à laquelle ils sont soumis, elle est considérée à l'égal d'un délit commis dans l'intérieur de la société, et réprimée comme tel. Mais si l'agression vient de la part de l'autorité supérieure d'une société étrangère, il s'établit une lutte entre les deux sociétés, qu'on nomme la guerre.

La guerre, dans son expression la plus brutale, porte le caractère d'une férocité qui dépasse celle des bêtes les plus sauvages. — Celles-ci ne s'entre-déchirent que dans la chaleur du combat, tandis que l'homme est capable de la plus froide cruauté et invente les tortures les plus odieuses pour les infliger aux malheureux qu'il nomme ses prisonniers. — Dans un état social où l'humanité a acquis plus de valeur, un tel excès de cruauté est réprouvé ; mais ce n'est que lentement et par degrés que la manière de voir des peuples se modifie, et ils s'arrêtent pour quelque temps à ce point de vue que l'homme peut non-seulement tuer son semblable sur le champ de bataille, mais conserve encore cette faculté à perpétuité, à l'égard de celui qu'il a vaincu, et dont la vie s'est trouvée une fois à sa merci.

La guerre mettant à la disposition du vainqueur la vie du prisonnier, il pourra la lui laisser par motif d'intérêt, à condition qu'il renonce à sa propre volonté, pour ne suivre dorénavant que celle de son vainqueur, qu'il devienne son esclave.

Nous avons déjà fait observer que des rapports d'une dépendance extrême s'introduisent dans la famille même, comme conséquence d'une interprétation rigide, ou plutôt abstraite, du droit [1], et la position des prisonniers de guerre, ne pouvant être plus favorable que celle des membres de la famille, y sera assimilée ou sera plus rigoureuse encore.

L'esclave fait à la guerre subit les conséquences d'un principe extrême, sans contredit, mais qui n'en est pas moins fondé sur l'équité, puisque, conformément à l'esprit du temps, ils se considèrent tous comme également appelés à faire usage de la force, et cela d'une certaine manière également valable pour tous.

Cependant les avantages que procurent les ser-

[1] « Die Macht der Familiensubstanz erscheint noch etymologisch sehr scharf. Z. B. im Altdeutschen bedeutet *hiu* die Familie und die Knechtschaft, *famulus* und *familia*. » (Leo, *Studien und Skizzen*, etc., S. 95.)

vices des esclaves font naître parmi les hommes le désir d'en obtenir à l'aide d'autres moyens encore, soit de vive force, soit par la ruse. Ils enlèvent des êtres humains à leur famille, à leur pays, les transportent dans des climats lointains, et ne les apprécient plus qu'en raison de la valeur matérielle qu'ils peuvent en retirer.

Si des violences de ce genre étaient déjà réprouvées par la société, elles provoqueront la rétorsion, qui, selon le degré de la culpabilité, pourra être appliquée sous forme de galères, d'emprisonnement ou de toute autre privation de la liberté. Des circonstances aggravantes doivent aggraver aussi la peine.

Il résulte de ce qui précède que l'esclavage n'est que la conséquence nécessaire des idées qui règnent, à une époque donnée, sur le droit et sur l'usage qu'il est permis de faire de la force, mais qu'il dénote un état social peu avancé ou arbitrairement organisé, alors que les idées de liberté sont méconnues ou arbitrairement limitées dans l'intérêt d'une classe ou d'une race d'hommes sans égard pour le préjudice qui en résulte pour les autres.

La famille primitive s'agrandit encore de la sorte par des esclaves achetés ou faits à la guerre.

Mais si, avant l'admission de tous ces étrangers, elle avait pris un développement prononcé, ceux-ci ne pourront y apporter de modification sensible, et la société conservera ainsi les mêmes traits caractéristiques, seulement en proportions plus grandes, et par là même plus sévères.

Nous croyons qualifier exactement par la dénomination d'état patriarcal la société indépendante dans laquelle domine ce type de la famille primitive. On y remarque surtout, comme trait caractéristique, une autorité fortement constituée, qui subit certaines modifications selon les circonstances et l'esprit du temps, mais se montre toujours puissante aussi longtemps que cette société conserve le type de son origine.

b. — De l'état militaire.

La nécessité de se défendre contre les ennemis du dehors ou de l'intérieur, l'esprit de guerre et des entreprises ou d'autres motifs, appellent aux armes toute société.

La force armée, comme telle, est un moyen d'action matérielle. Si elle s'est constituée conformément au droit et reste dans sa sphère, l'emploi de cette force n'est autre chose que l'exercice d'un droit. Tel est le cas, lorsque la société se sert des forces dont elle dispose pour sauvegarder son droit à l'intérieur et à l'extérieur, et ce n'est qu'en dépassant ces limites que l'usage de la force armée se transforme en violence.

Alors le rapport entre l'élément matériel et l'intelligence se déplace, et cette dernière, au lieu de dominer la matière, ne servira qu'à son perfectionnement, à augmenter ses effets destructifs ; elle lui sera donc subordonnée, comme le moyen l'est au but.

La force armée doit être considérée comme un instrument dont la puissance peut être augmentée par l'intelligence, mais cette force ne peut jamais représenter autre chose qu'un élément physique, destiné à produire des effets de destruction.

Il n'y a guère de société qui ne soit, au moins temporairement, en armes ; elles ne se distinguent entre elles, sous ce rapport, que par le degré de développement qu'acquièrent dans chacune les éléments militaires.

Si l'esprit militaire a pénétré dans une société de manière à y prépondérer, l'organisation sociale se modifie en conséquence. Elle prend cette uniformité extérieure et cette précision dans les détails qui maintiennent l'ordre dans l'armée. Il se peut même que l'État conserve, au-delà du terme qu'indique l'urgence des circonstances, le nom et l'organisation d'une armée, uniquement par suite d'habitudes et de dispositions militaires. C'est ainsi que les Lombards se nommaient *felicissimus exercitus* (voyez les lois de Rotharis), longtemps après la conquête de l'Italie.

Dans la société militaire, les lois et les coutumes prennent le caractère de règlements militaires, par la sévérité de leur esprit et la multitude de leurs détails. La justice se fera sommairement, conformément à la procédure des cours martiales, et en toute occasion ces dernières seront substituées aux institutions judiciaires.

A l'origine, toutes les sociétés sont pénétrées, à un degré élevé, de l'esprit de force, ou, comme on est convenu de l'appeler, de l'esprit militaire.

Dans la société rudimentaire, l'existence de l'homme n'est assurée que par la force physique, et c'est pourquoi il l'estime alors plus qu'aucune autre de ses facultés. Placé en présence des forces de la nature, il éprouve leur supériorité et cherche à se les rendre propices en leur vouant un culte spécial. C'est dans la nature des choses; et néanmoins on a vu des hommes, et notamment dans le Nord scandinave, dont la confiance dans leurs propres forces était si grande, qu'ils dédaignaient la protection des dieux [1].

A mesure que les facultés intellectuelles de l'homme se développent, il apprend à apprécier leur supériorité, par rapport à l'élément matériel, quand ce ne serait que par la raison qu'elles en augmentent la puissance.

Le développement intellectuel, à lui seul, n'affaiblit pas les influences du corps sur l'esprit; il imprime seulement aux passions des tendances plus raffinées. Et s'il en stimule de généreuses, telles que l'amour de la gloire et le patriotisme, il en excite aussi d'égoïstes, la soif des honneurs et des richesses.

C'est pourquoi l'esprit militaire se manifeste dans une société avancée en civilisation aussi bien que dans la société primitive. Dans l'un et l'autre cas, les effets sont les mêmes; — c'est toujours le déchaînement des forces physiques et l'asservissement de l'esprit à la matière.

Par un détour on revient aux commencements de l'existence sociale, et le culte de la force se

[1] Es gab im heidnischen Norden Männer, die nicht an die Götter glaubten, sondern sich auf ihre eigene Kraft verliessen. (Geschichte Schwedens von Eckendahl, 1, L. 27, S.)

trouvera rétabli sous le nom de la gloire ou du patriotisme. Ce sont d'autres noms que ceux de Jupiter ou d'Hercule, mais l'objet du culte est le même.

c. — De l'état théocratique.

Les différentes parties de l'autorité que nous avons étudiées se rapportent aux actions, mais d'autre part elle se rapporte à la cause déterminante des actions, à la volonté.

Elle tend à la contrôler, à la soumettre à une règle. Mais l'homme n'accepte que difficilement la supériorité spirituelle de son semblable.

Il la reconnaît volontiers alors seulement qu'il la croit être l'attribut d'un Être qui lui-même lui est supérieur. C'est cette croyance qui constitue précisément la base de l'autorité spirituelle, alors qu'elle se présente comme tenant à l'Être suprême.

Les deux directions que prend l'autorité, selon qu'elle se rapporte aux actions ou à la volonté des hommes, sont désignées par la dénomination d'autorité spirituelle et d'autorité temporelle.

Elles peuvent rester indivises ou se constituer séparément comme deux parties distinctes.

C'est celle des divisions de l'autorité qui se produit la première; on la voit paraître dès les premières lueurs de l'histoire.

Les deux autorités restent nécessairement réunies, dans la famille primitive, aussi longtemps seulement qu'elle se trouve placée dans des conditions d'isolement. Par le contact avec d'autres hommes, le chef pourra subir l'ascendant d'une autorité spirituelle constituée séparément.

Souvent même un centre d'autorité spirituelle exerce une attraction assez puissante pour établir des relations intimes entre des sociétés, entièrement indépendantes sous tous les autres rapports.

Une nouvelle croyance peut pénétrer dans la société. Le chef l'acceptera et reconnaîtra la suprématie spirituelle de ceux qui l'enseignent, ou bien cherchera à la tenir éloignée.

Dans ce dernier cas, la nouvelle croyance prendra une position hostile à l'égard de l'ancienne. Les néophytes s'uniront d'efforts pour faire triompher leur foi, et il se formera une association entre eux. Le chef de cette association religieuse se trouvera en opposition avec le chef de la société civile aussi longtemps que leurs croyances seront différentes. En prenant un caractère plus prononcé, cette lutte de principes religieux se transformera en lutte de forces physiques ; — et si l'association, organisée dans un but religieux, triomphe, elle pourra imposer son organisation à la société elle-même, qui se trouvera ainsi constituée en théocratie.

Et, bien que primitivement l'association religieuse se forme pour assurer le triomphe de sa croyance, plus tard, au contraire, c'est cette dernière qui devient une source d'autorité pour ceux qui en sont les interprètes et les gardiens.

Le fondateur d'une religion ou ses successeurs chercheront à en garantir la durée, et par conséquent celle de leur propre autorité, à l'aide de formes sociales appropriées à ce but. Et il est à remarquer que plus les dogmes religieux sont faux, et plus l'organisation de la société, élevée sur cette base, sera forcée et contraire à la nature des choses, comme on en trouve la preuve dans quelques théocraties de l'antiquité.

La théocratie est donc la forme sociale qui a pour base une croyance religieuse, et dont toutes les institutions ont principalement pour but la conservation de cette croyance.

Il y a, dans toute société, un côté auquel se rapporte l'autorité spirituelle, et un côté auquel se rapporte l'autorité temporelle; — il y a l'Église et l'État.

M. Guizot a si bien établi la corrélation entre l'un et l'autre, que nous ne saurions mieux faire que de reproduire ce rapprochement dans l'aperçu qui suit.

Seulement, comme M. Guizot considère la question à un point de vue un peu différent, nous ferons observer que la société qu'il nomme religieuse par opposition à la société civile, n'est pas la théocratie proprement dite, attendu que ce terme n'est applicable qu'à la société souveraine, qui n'a d'autre base et d'autre but qu'une croyance religieuse. La société religieuse, chez M. Guizot, signifie la société vivant principalement sous l'impulsion d'idées religieuses. Mais cette société, aussi bien que celle qu'il nomme ecclésiastique, ne deviennent une véritable théocratie que dans le cas où elles arrivent à l'exercice du pouvoir souverain.

Il en est de même lorsque les laïques prennent part au gouvernement de l'Église. Ce fait ne transforme pas la société religieuse ou ecclésiastique en théocratie, aussi longtemps que la souveraineté y manque.

On a vu cette tendance démocratique paraître

soit passagèrement à l'origine de la société religieuse, ou rester en minorité et ne former que des associations particulières ou sectes.

L'histoire ne nous montre pas de véritable théocratie à grandes dimensions, constituée sur une base démocratique; vu qu'il arrive l'un des deux : ou bien la société démocratique repousse toute autorité spirituelle, et celle-ci ne parvenant pas à se constituer, la société vit civilement sous une autre forme sociale; ou bien l'autorité spirituelle se constitue, et, attirant à elle l'autorité temporelle, se concentre entre les mains d'un seul ou de plusieurs individus, et, dans ce cas, la base démocratique vient à manquer également à la théocratie.

L'autorité qui repose sur la transmission de mystères et de doctrines, tend naturellement à se concentrer entre les mains d'un seul ou au moins d'une caste; vu qu'en passant dans la possession du grand nombre, son prestige et son unité se perdent.

« Il y a eu dans le monde plus d'un éclatant exemple de la puissance de la société religieuse, de ses idées, de ses institutions, de son gouvernement. Mais une différence fondamentale est à remarquer. En Asie, en Afrique, dans l'antiquité, partout avant notre Europe, la société religieuse se présente sous une forme générale et unique; un système y prévaut, un principe y domine. Tantôt elle est subordonnée: c'est le pouvoir temporel qui exerce les fonctions spirituelles, et gouverne le culte et même les croyances; tantôt elle occupe la première place: c'est le pouvoir spirituel qui règne sur l'ordre civil.

« Dans l'Europe moderne, au contraire, la société religieuse renferme en quelque sorte des exemples, des échantillons de toutes les formes sous lesquelles elle a paru ailleurs.

« Deux grandes questions se présentent: d'une part, la situation, pour ainsi dire, extérieure de la société religieuse, sa manière d'être envers la société civile, les relations de l'Église avec l'État; d'autre part, l'organisation intérieure, le gouvernement propre de la société religieuse elle-même.

« En ce qui concerne la première question, quatre systèmes, essentiellement différents, ont été soutenus:

« 1° L'État est subordonné à l'Église. Sous le point de vue moral, dans l'ordre chronologique même, l'Église précède l'État. L'Église est la société première, supérieure, éternelle; la société civile n'est qu'une conséquence, une application de ces maximes; c'est au pouvoir spirituel qu'appartient la souveraineté; le pouvoir temporel ne doit être que son instrument;

« 2° Ce n'est pas l'État qui est dans l'Église, mais l'Église dans l'État. C'est l'État qui gouverne toute la destinée extérieure des citoyens. C'est à lui à donner à la société religieuse la forme, les institutions qui conviennent le mieux à la société générale. Dès que les croyances cessent d'être individuelles, dès qu'elles donnent naissance à des associations, celles-ci tombent sous l'atteinte du pouvoir temporel, seul véritable pouvoir;

« 3° L'Église doit être dans l'État, indépendante, inaperçue; l'État n'a rien à démêler avec elle, n'a ni droit, ni bon motif pour intervenir dans les croyances religieuses;

« 4° L'État et l'Église sont des sociétés distinctes, il est vrai, mais contiguës, engagées l'une dans l'autre; qu'elles vivent séparées, mais non étrangères, qu'elles s'allient à certaines conditions, et subsistent chacune pour son compte, en se faisant de mutuels sacrifices, en se prêtant un mutuel appui.

« Quant à l'organisation intérieure de la société religieuse elle-même, la diversité des principes et des formes est encore plus grande.

« Et d'abord, deux grands systèmes se distinguent. Dans l'un, le pouvoir est concentré aux mains du clergé; les prêtres seuls forment un corps constitué; c'est la société ecclésiastique qui gouverne la société religieuse.

« Dans l'autre, la société religieuse se gouverne elle-même, intervient du moins dans son gouvernement; l'organisation sociale embrasse les fidèles aussi bien que les prêtres.

« Le gouvernement appartient-il à la société ecclésiastique seule, elle peut être constituée selon les modes les plus divers :

« 1° Sous la forme de la monarchie pure. L'histoire du monde en a offert plus d'un exemple; 2° sous une forme aristocratique : tel est le régime où des évêques, soit chacun dans son diocèse, soit réunis en assemblée, gouvernent l'Église de leur propre droit et sans le concours du clergé inférieur; 3° sous une forme démocratique, lorsque, par exemple, le gouvernement de l'Église appartient à tout le clergé, à des assemblées de prêtres égaux entre eux.

« La société religieuse se gouverne-t-elle elle-même, la variété n'y sera pas moins grande : 1° Les fidèles, les laïques siégeront avec les prêtres dans les assemblées chargées du gouvernement de l'Église; 2° il n'y aura pas de gouvernement général de l'Église; chaque congrégation particulière, locale, formera une église indépendante qui se gouvernera elle-même, dont les membres choisiront le chef spirituel selon leur croyance et leur dessein; 3° il n'y aura point de gouvernement spirituel distinct et permanent, point de clergé, point de prêtres; l'enseignement, la prédication, toutes les fonctions spirituelles seront exercées par les fidèles eux-mêmes, selon l'occasion, l'inspiration en proie à une continuelle mobilité.

« On pourrait combiner entre elles ces formes diverses, en mêler les éléments dans des proportions différentes, en faire naître ainsi une foule d'autres diversités; on ne ferait rien qui ne fût déjà connu.

« Et non-seulement tous ces systèmes ont été réalisés, mais ils ont tous prétendu à la légitimité historique aussi bien qu'à la légitimité rationnelle; ils ont tous reporté leur origine aux premiers temps de l'Église chrétienne, ils ont tous revendiqué des faits anciens comme fondement et justification.

« Ni les uns ni les autres n'ont complétement

tort : on trouve dans les premiers siècles de l'Église des faits auxquels ils peuvent tous se rattacher.

« Ainsi, en même temps qu'on reconnaît dans l'état primitif de la société religieuse l'association des laïques aux prêtres dans le gouvernement, c'est-à-dire le système presbytérien, l'isolement des congrégations particulières, c'est-à-dire le système des indépendants, la prédication libre, spontanée, accidentelle, c'est-à-dire le système des quakers, en même temps on y voit naître, contre le système des quakers, un ordre de prêtres, un clergé permanent ; contre le système des indépendants, un gouvernement général de l'Église ; contre le système presbytérien, un régime d'inégalité entre les prêtres mêmes, le régime épiscopal. » (Voyez *Histoire de la Civilisation en France*, par M. Guizot, vol. I, pages 60, etc.)

Les formes patriarcale, militaire et théocratique, sont les trois principaux types de la société où domine la tendance vers l'unité monarchique.

Cette unité est représentée par la personne

du monarque, auquel viennent aboutir tous les rapports sociaux.

Mais les éléments qui impriment le caractère propre à chacun de ces trois types n'existent pas séparément. On les trouve, au contraire, réunis dans chaque monarchie, et c'est seulement selon que l'un d'eux prépondère que la monarchie prend le type qui y correspond.

La monarchie patriarcale est le produit du droit, pris dans le sens le plus étendu.

A ce point de vue, le droit individuel du monarque absorbe plus ou moins complétement les droits de tous les autres membres de la société.

L'autorité religieuse tend, par son essence, également à l'unité. Cette autorité se constitue sur la double base de la foi et de la doctrine. — Les hommes peuvent s'identifier, par la foi ou par tout autre sentiment, mais ne sauraient s'identifier par l'intelligence que lorsqu'ils ont rencontré la vérité; or, dans la recherche de la vérité, trop de motifs les font diverger. Abandonnée à la libre interprétation de plusieurs, une doctrine religieuse présentera nécessairement des divergences. Réunis dans une assemblée, les individus chargés de l'expliquer pourront s'entendre, mais ce sera à l'aide d'un compromis, par la persuasion ou par la pression de circonstances extérieures. C'est pourquoi il n'y a de garantie de durée, pour la doctrine, que dans le jugement d'un seul ou d'une assemblée pénétrée de la nécessité d'arriver à l'unité du jugement.

Il s'ensuit que c'est principalement la foi qui sert d'appui à l'autorité religieuse; la doctrine ne le fait qu'aussi longtemps qu'elle est soumise au contrôle. Abandonnée au libre examen, elle mène, au contraire, à la destruction de cette autorité.

La société militaire aussi tend à la concentration sous l'autorité d'un seul. Divisé entre plusieurs, l'élément de force qu'elle représente s'affaiblit, comme toute force physique qui a été fractionnée.

L'unité constitue si bien le trait distinctif de la société monarchique, qu'aussi longtemps que l'esprit qui lui est propre se conserve, elle ne supporte pas de forme sociale à autorité collective.

C'est ainsi qu'un État véritablement monarchique, ne pouvant plus se conserver dans son intégrité extérieure sous un seul chef, se fractionnera plutôt que de passer sous une autorité collective. Ses parties se reconstitueront ensuite, conformément à l'idée monarchique, chacune sous un seul chef, comme la monarchie d'Alexandre le Grand et tant d'autres.

Les trois types de la monarchie portent chacun l'empreinte de quelque trait spécial.

Le sentiment personnel se développe et produit des effets plus sensibles dans la société patriarcale que dans aucune autre.

Cet élément existe à un moindre degré, ou manque dans la société militaire, où il est remplacé par la confiance dans la supériorité militaire du chef et par d'autres mobiles. Il en résulte que les rapports entre ceux qui obéissent et celui qui commande se présentent à l'état d'une rigide simplicité, qu'on désigne sous le nom de discipline.

La théocratie se distingue par la tendance à soumettre à la règle non-seulement les actions, mais surtout la volonté des hommes.

Parmi ces trois formes sociales, c'est la patriarcale qu'on voit se constituer le plus souvent. On en rencontre tous les traits essentiels déjà dans la famille indépendante. Or, il arrive que, par suite de circonstances favorables, la famille s'agrandit jusqu'aux dimensions d'une tribu ou d'un peuple, soit par sa propre croissance, soit par l'accession d'autres familles de même constitution. Dans ce cas, il n'y a pas de raison pour que cette société change de forme, aussi longtemps que les mêmes idées sur les rapports sociaux y persistent.

Plus l'agrandissement de la société se fait lentement et régulièrement, et plus l'austérité primitive s'y conservera longtemps. Car l'origine de la société remonterait ainsi à une époque où tous les peuples attribuent au droit et à l'autorité qui en découle, une portée non-seulement indéterminée, mais sévère dans l'application à la vie réelle.

Si l'élément militaire prenait, à son tour, du développement dans une société ainsi constituée, la rigueur des rapports sociaux en augmenterait d'autant.

Cette rigueur serait élevée d'un degré encore, si l'autorité spirituelle était jointe aux deux autres. Telle serait, par exemple, une théocratie organisée militairement.

Mais dans cette voie ascendante d'un pouvoir illimité, on monterait encore, s'il se trouvait que la théocratie militaire fût basée sur une religion inspirée par le matérialisme.

La plupart des religions, et surtout la religion chrétienne, cherchent à maîtriser l'élément matériel ; mais lorsque la religion elle-même n'a d'autre base que cet élément, il ne lui reste, comme moyen d'action, que la force physique. C'est donc par le glaive que cette croyance se propage, et le glaive deviendra le symbole de l'autorité suprême dans l'État comme dans l'Église.

La société qui n'a pour éléments constitutifs que la force matérielle, et une croyance attachée à la matière, se matérialisera à ce point, qu'aucun germe d'inspiration élevée ne pourra s'y développer. Le véritable esprit militaire même s'y éteindra, — le droit perdra toute valeur, et la force ne s'arrêtera que là où une force supérieure la contiendra.

LA LIBERTÉ.

a. — De l'idée de la liberté.

Nous avons suivi jusqu'à présent les évolutions qu'accomplit l'idée du droit, lorsqu'elle ne rencontre pas d'entrave à son développement, c'est-à-dire lorsqu'aucune autre idée n'arrête le mouvement dialectique qui lui est propre.

Et c'est ainsi que, de conséquence en conséquence, l'idée du droit en vient à constituer l'autorité illimitée.

L'idée du droit est le mouvement de la volonté vers les choses, pour les approprier aux besoins de l'homme. Par cet acte intelligent, l'esprit soumet la matière, mais, une fois qu'il s'y est fixé, le rapport entre les deux principes change. L'élément matériel, en retenant le principe spirituel qui s'y est incorporé, acquiert la prépondérance, puisque c'est par son intermédiaire que s'atteint le but vers lequel tend l'idée du droit, — celui de satisfaire matériellement aux besoins de l'homme.

A ce point de vue, le principe spirituel du droit n'a d'autre signification que celle de transformer la destination générale du droit en destination spéciale, c'est-à-dire d'assurer à tel ou à tel autre individu l'usage spécial d'un objet utile ou nécessaire à tout le monde.

Ainsi, c'est le côté matériel du droit qui présente le caractère de la généralité, et son côté spirituel celui de la particularité.

A cet indice on reconnaît la prépondérance de la matière sur l'esprit dans l'idée du droit, car là où l'esprit domine dans l'idée, c'est par ce côté qu'elle s'élève à la généralité. L'élément matériel y produit les différences qui apparaissent et disparaissent à un moment donné.

La tendance de l'idée du droit est donc, non-seulement essentiellement matérielle, mais, en se développant sans contrainte, elle mène à la prépondérance de la matière sur l'esprit.

A côté de cette tendance qui constitue l'idée du droit, la volonté en montre une autre, celle de se libérer des étreintes de la matière dont le contact trouble la pureté de son essence spirituelle.

C'est cette tendance qu'on désigne par le mot de *liberté*.

Ainsi, la volonté humaine montre, dans son rapport avec la matière, deux tendances opposées : l'une par laquelle elle se dirige vers la matière, l'autre par laquelle elle la repousse.

Ces deux tendances se produisent dans l'essence spirituelle de la volonté, au moment où elle se manifeste en passant à l'existence réelle. Tenant toutes deux de la même essence, elles se comportent entre elles comme les deux pôles, ou les deux côtés opposés de la même substance.

Chacune de ces tendances produit constamment les mêmes effets : la cause de ces effets gît dans l'intelligence qui, elle-même, est ce côté du principe spirituel par lequel s'établit le rapport entre l'esprit et la matière ; la cause et ses effets restent en rapport continu, mais l'homme n'en acquiert la conscience que par une opération spéciale de son intelligence, la réflexion.

Ce mouvement qui se passe entre l'intelligence et l'objet, se nomme *idée*.

De son point de départ, l'intelligence, il se dirige vers l'objet et s'y fixe, ce qui produit l'idée du droit ; ou touche seulement à l'objet et s'en sépare, ce qui produit l'idée de la liberté. Mais, dans l'un et l'autre cas, ce mouvement constitue le trait d'union entre le principe spirituel et l'élément matériel dont se composent les rapports sociaux. Il se présente comme la corrélation entre une cause intellectuelle et des effets réels.

L'existence de cette corrélation peut être démontrée, puisqu'on peut faire remonter à une cause rationnelle tous les produits des idées du droit et de la liberté.

Les faits constatent de plus que cette corrélation s'établit par un mouvement de l'esprit à la matière. En voici la preuve :

L'idée du droit se meut en procédant de son centre vers la circonférence, c'est-à-dire vers les choses qu'elle transforme en objets, soit de droit privé, soit de droit public. La nature même de cet acte indique la direction qu'il suit.

L'idée de la liberté a la tendance de se mouvoir en sens contraire, car, en repoussant l'élément matériel, elle se retire de la circonférence au centre.

Mais ce n'est là qu'un mouvement de retour : l'idée de liberté a, comme l'idée du droit, l'intelligence pour point de départ, et se dirige, comme elle, vers les objets extérieurs. Car les deux tendances propres aux idées du droit et de la liberté n'existent pas isolées l'une de l'autre. Elles apparaissent tour à tour comme les deux côtés de la même volonté, mais ne peuvent ni s'en détacher ni se séparer entièrement l'une de l'autre.

Elles se meuvent donc ensemble, malgré leur opposition réciproque ; seulement la direction principale de la volonté à laquelle elles tiennent, est déterminée par celle de ces idées qui, pour le moment, prépondère.

C'est ainsi que dans l'acte par lequel la volonté se dirige vers l'objet conformément à l'idée du droit, l'idée de liberté accompagne ce mouvement, et l'homme conserve la liberté de changer d'intention à chaque instant. Et si les circonstances extérieures ne lui permettent pas de faire usage de cette liberté, elle existe néanmoins à l'état latent.

Ainsi, lorsque les créations de l'idée du droit s'accomplissent, l'idée de la liberté est présente à l'état subordonné, comme la négation du droit positivement réalisé.

Mais la liberté, à son tour, acquiert la prépondérance, et incite la volonté à un mouvement de répulsion à l'égard de la matière; alors la lutte s'engage entre cette tendance et celle du droit.

La tendance de la liberté à repousser l'élément matériel du droit qui la particulariserait, maintient l'essence spirituelle dans une généralité et pureté relatives.

La pureté et la généralité de l'essence spirituelle se rencontrent ainsi sur le même point, et se montrent identiques par rapport aux effets de la matière.

Lorsque l'idée de la liberté a acquis la prépondérance, elle se détache successivement des produits de l'idée du droit, en commençant par celui qui lui impose le plus de contrainte, c'est-à-dire par l'autorité, et passe de là à toutes les modalités du droit, en sens inverse de son développement.

Elle arrive ainsi à la cause même du droit, à l'individu humain, dont la volonté et le corps offrent les premiers éléments de tout droit.

Réunis, ces deux éléments primitifs constituent ce qu'on nomme en jurisprudence le droit personnel.

A ce point, l'idée de liberté ne peut réagir que contre son propre corps. Elle rentre ainsi dans les conditions que la nature même établit entre l'esprit et le corps de l'homme.

Lorsque l'idée de liberté entrave le développement de l'idée du droit qui mène à l'autorité illimitée, elle lui fait prendre une autre direction, celle qui constitue l'idée de la justice.

L'idée de liberté, portée à son tour aux conséquences extrêmes, se place en opposition avec le droit individuel ou privé, en tant qu'il se compose d'objets extérieurs, mais ne saurait anéantir le mode du droit qui constitue le droit personnel, puisque ce dernier n'est autre chose que l'individu lui-même, considéré au point de vue du droit.

L'idée de la liberté, revenue à son point de départ, peut chercher à se soustraire aux influences de son propre corps, mais reste nécessairement unie avec lui aussi longtemps que dure l'existence terrestre de l'homme.

En sorte que, si l'idée de la liberté peut arrêter le développement du droit à chacun des degrés auxquels il arrive, elle ne saurait en détruire la base même, c'est-à-dire les facultés intellectuelles et corporelles de l'homme, par lesquelles le droit se constitue.

Il s'ensuit que les deux idées du droit et de la liberté se comportent l'une l'autre, nécessairement, malgré l'opposition de leurs tendances.

L'autorité illimitée, qui aurait comprimé les manifestations extérieures de la liberté, ne saurait, néanmoins, l'atteindre dans son for intérieur; et la liberté qui aurait anéanti tout droit, toute propriété privée, ne saurait détruire dans l'homme la faculté même de produire de nouveau le droit.

Nous voyons là les effets de deux idées, dont l'une montre de l'affinité, l'autre de la répulsion à l'égard de la matière; nous pouvons constater qu'elles remontent toutes deux à une cause intellectuelle, la volonté humaine. Mais ces mouvements intellectuels ne nous font pas connaître le rapport de la volonté elle-même avec les autres facultés ou principes qui constituent l'être humain.

La science des rapports sociaux n'a pas pour objet la solution de ce problème. Elle l'indique, y touche, mais ne saurait entreprendre de l'approfondir, puisque cette tâche appartient à une autre science, à la métaphysique, ou à celle de ses parties qui constitue l'anthropologie. Or, en confondant les sciences, au lieu d'en augmenter l'étendue, on les altère, dit avec raison Kant.

Il suffit à la philosophie du droit de constater:

Que la volonté est ce côté du principe spirituel inhérent à l'homme, par lequel celui-ci se met en rapport avec le monde visible;

Que l'homme peut se rendre compte de ce mouvement de la volonté, c'est-à-dire qu'il l'accompagne de son intelligence. Dans ce mouvement, on voit donc la volonté unie à l'intelligence;

Qu'en outre de l'intelligence il existe dans l'homme d'autres facultés spirituelles, qui toutes s'identifient dans la même unité.

Et quoiqu'il n'appartienne pas à la philosophie du droit de déterminer le point où l'intelligence apparaît ou disparaît dans cette unité spirituelle, elle contient des données certaines qui peuvent servir de base à ces investigations.

De même que les idées de droit et celles de liberté sont identiques par leur essence, le principe spirituel et le principe intellectuel le sont aussi. — Ils se distinguent l'un de l'autre,— de même encore que les idées de droit et de liberté, — par une plus grande affinité avec la matière de l'un de ces principes, — l'intelligence.

C'est vainement qu'on cherche de quel côté vient l'initiative du rapport qui s'établit entre l'esprit et la matière. Elle ne vient unilatéralement ni de l'un ni de l'autre côté.

Il y a action et réaction, mais dans des conditions préétablies. Les objets produisent des impressions sensuelles sur l'homme, et provoquent l'activité de son esprit, et d'autre part l'intelligence tend vers les objets, et se porte vers ceux qui ont été cause de la sensation. Il en résulte une idée, dont l'homme peut se rendre compte par la réflexion.

Ainsi, sans objet devant soi, l'intelligence ne saurait être exercée, et sans intelligence les idées n'existeraient pas.

Les organes de l'intelligence sont les mêmes dans tout homme, et fonctionnent constamment par les mêmes procédés, comme tout homme, aussi, voit et entend de la même manière. Les différences, sous ce rapport, ne proviennent que du degré de perfection dont les organes sont doués.

C'est cette uniformité dans la manière dont fonctionnent les organes de l'intelligence qu'on désigne par la dénomination de règles de la raison, ou de règles de la logique. — On pourrait tout aussi bien dire les règles de l'ouïe et les règles de la vue, au lieu de parler de la construction de l'œil ou de l'oreille.

Mais, tout en constatant qu'il y a une corrélation entre l'esprit et la matière, il resterait à expliquer la cause de cette affinité, ce qui revient à savoir comment s'établit le premier rapport entre l'esprit et la matière.

C'est ainsi qu'on arrive à cette copule mystérieuse des métaphysiciens, — à la combinaison entre l'esprit et la matière. Tous les systèmes, soit du dualisme, soit de l'identité, en admettent l'existence, indirectement au moins, mais ils ne sont pas parvenus à l'expliquer.

Aussi est-ce là le but suprême de la métaphysique, et la pierre de touche de tous les systèmes qu'elle a produits, — car on en reconnaît l'esprit à la manière dont ils abordent cette question capitale.

b. — Des différentes modalités de la liberté.

La tendance répulsive de l'idée de la liberté se rapporte à trois genres d'objets : à ceux du droit public, à ceux du droit privé, et au droit personnel.

Conformément à cette différence dans les objets, l'idée de liberté présente les trois modalités suivantes :

Les idées de droit et de liberté produisent des effets sur l'élément matériel, mais par cette corrélation l'élément matériel réagit sur ces idées.

En prêtant un développement excessif à l'idée du droit, son élément matériel comprime l'idée de liberté, et par là même peut devenir la cause qu'elle se développe à son tour.

Nous allons nous expliquer.

Prenons, par exemple, qu'une société se soit constituée conformément à l'idée du droit, à l'exclusion de l'idée de la liberté. — L'autorité y acquerrait une extension excessive par le développement démesuré de l'élément matériel, qui comprimerait, mais ne pourrait pas détruire l'idée de la liberté. Alors, selon les circonstances, celle-ci restera latente, ou cherchera à se faire jour.

Si elle parvient à se produire, soit par suite d'un développement spontané, soit par l'incitation venant du dehors, elle se trouvera, tout d'abord, en opposition avec l'autorité, comme celle des conséquences de l'idée du droit qui aura provoqué la réaction de sa part.

C'est donc sur ce point que la lutte entre les deux idées éclatera, et, comme elles se trouvent en opposition par leurs tendances mêmes, la lutte prendra le caractère de la généralité. La liberté réagira contre l'autorité sur tous les points où elle s'est produite, comme conséquence extrême de l'idée du droit.

Si, au contraire, la lutte contre l'autorité n'a été provoquée qu'accidentellement par des actes d'oppression ou par quelque autre cause de mécontentement momentané, sans que l'esprit de liberté se soit réveillé, — la réaction ne sera que partielle, et se dirigera contre les individus, plutôt que contre les institutions sociales.

C'est à ce signe qu'on reconnaît la véritable lutte des principes politiques, différente de cette réaction passagère qui n'a trait qu'aux individus ou aux faits particuliers, et après laquelle, une fois que la contestation a été vidée, tout rentre dans l'ordre accoutumé.

La liberté considérée comme réaction générale contre toutes les conséquences rigoureuses du droit, se nomme *liberté politique.* — Les effets qu'elle produit ne dépassent pas les limites du droit public.

Cette réaction est généralement la conséquence du développement des rapports sociaux, par un de leurs côtés seulement.

Le développement des idées du droit peut être parfaitement logique, à ce point de vue qu'il y aura un enchaînement sévèrement logique entre tous ses produits, et pécher néanmoins par sa base. Car, au lieu de reconnaître que les rapports sociaux sont le produit de la combinaison entre deux idées, il a été fait abstraction de l'une d'elles, de celle de la liberté.

En prenant le droit autrement qu'il n'existe réellement, on lui impose forcément une signification qu'il n'a pas.

Néanmoins, cette interprétation unilatérale du droit peut être conforme à l'ensemble des idées en circulation. Les hommes alors l'acceptent, et n'y voient que la condition nécessaire de tout ordre social; mais une fois que les idées changent, l'extension accordée au droit tendra à subir une modification analogue.

Vouloir, dans ce cas, conserver au droit son ancienne signification, produira une contradiction entre les idées et les faits. — Elle sera d'autant plus grande que les faits anciens seront plus complétement séparés des idées nouvelles. Dans le cas où elles auraient pénétré dans tous les esprits, les conditions auxquelles s'est constituée l'autorité se trouveront changées. Ce fait, à lui seul, prouverait que tout l'ordre social repose sur le rapport qui s'établit entre les idées de droit et de liberté.

Si les idées changent et que néanmoins leur ancien rapport soit maintenu dans les institutions sociales, une lutte peut en résulter; mais si les institutions suivent les changements dans les idées, la commotion violente pourra être évitée.

Il s'agit cependant de distinguer entre un véritable changement dans les idées et un changement qui n'est qu'apparent, et circule seulement à la surface de la société.

Passons maintenant à la seconde modalité de l'idée de la liberté, où elle se dirige contre le droit privé.

Dans la société où les droits ont pris un développement très-inégal, quelques individus sont riches, d'autres privés du nécessaire, parce que tout autour d'eux a été occupé.

L'homme, se trouvant resserré de tous côtés par l'élément matériel du droit, est porté par l'instinct de la conservation à se libérer d'une compression qui le prive des moyens d'existence. Et comme c'est le droit individuel qui exerce cette pression, l'idée de la liberté se dirigera contre lui et cherchera à briser les liens qui attachent les choses à l'homme. Le droit qui n'existe que par ce lien sera menacé de destruction. En d'autres termes, il s'agira de la conservation ou de l'anéantissement de la propriété privée.

On nomme *idées socialistes* ou *communistes* cette modalité des idées de liberté.

Après avoir vu l'idée de liberté combattre ou détruire l'idée du droit dans la sphère du droit public, puis dans celle du droit privé, nous trouvons l'idée de liberté à l'état d'antagonisme, par rapport au droit personnel.

A ce troisième mode, la tendance de la liberté à se dégager des liens du corps auquel elle tient, se présente à deux points de vue différents.

L'un est celui du droit, où le corps représente l'élément matériel du droit personnel ;

L'autre est celui de la morale, où le corps est considéré comme la cause des dispositions vicieuses dans l'homme.

Partant de ces points différents, le mouvement intellectuel vient à produire les mêmes effets.

Contrairement à la tendance propre à l'idée du droit d'étendre la personnalité, l'idée de la liberté, dans cette phase, restreint les développements matériels de sa propre personne.

Ils provoquent des dispositions et des convoitises qui portent atteinte à la pureté de l'essence spirituelle, et la liberté, par la tendance générale qui lui est propre de repousser les influences matérielles, s'identifie sur ce point avec la morale.

Cette réaction, prenant de l'extension, passera du corps aux droits attachés à l'individu. A mesure qu'il se dégage des influences de l'élément matériel, l'homme ne fera plus usage des moyens dont il dispose dans un intérêt personnel, mais les emploiera au bien de son prochain.

Il s'ensuit que l'idée de la liberté arrive, par un double mouvement, aux mêmes effets, à la subordination ou à l'anéantissement du droit. Mais l'un de ces mouvements se dirige contre le droit d'autrui, et l'autre, s'identifiant à l'idée de la morale, se dirige contre son propre droit. Les motifs qui produisent le même résultat, la rupture des liens du droit, sont donc aussi différents que l'est la donation spontanée de la donation forcée.

Chacun de ces mouvements intellectuels, en prenant de l'extension, mènerait à la communauté des biens.

La communauté des biens s'introduira donc dans la société où les idées morales seraient arrivées à ce degré de développement qui dispose les hommes à faire librement le sacrifice de leur propriété. Autrement, on ne pourrait atteindre ce but qu'en rendant le sacrifice des biens obligatoire.

La première alternative suppose un état de choses qui n'est pas conforme à la réalité; la seconde peut être provoquée, en partie au moins, par l'état nécessiteux des classes inférieures de la société, mais rencontrera la résistance des autres. Car si, d'un côté, de puissants motifs peuvent porter la société à limiter le droit, de l'autre côté, un intérêt non moins puissant tendra à conserver au droit une portée suffisante pour qu'il puisse servir de base aux rapports sociaux. Dès lors, la question passe de la région des idées sur le terrain des faits, où l'issue dépendra des moyens et des forces mis en usage.

Les théories sur la communauté des biens ne sont donc véritablement réalisables que dans la société rudimentaire, alors que la propriété des hommes ne se compose encore que d'un petit nombre d'objets.

Ainsi, l'idée de la liberté suit la volonté dans son mouvement à l'extérieur, puis, par la tendance qui lui est propre, revient au centre intellectuel dont elle est partie. A ce moment on distingue une divergence dans sa tendance qui, d'un côté, persiste dans cette opposition au droit d'autrui, mais qui, par un autre côté, se dégage des liens qui constituent son propre droit.

Cette dernière tendance se nomme la morale, et se distingue de l'autre en ce qu'elle tient de plus près à l'essence spirituelle de la volonté.

Une science de ce nom a pour but de l'expliquer, au point de vue de la philosophie.

Cette science diffère de celle du droit, mais comme elles ont, l'une et l'autre, pour objet les relations des hommes entre eux, elles conservent une grande analogie, tant dans leur ensemble que dans leurs différentes parties. Aussi croyons-nous devoir indiquer les principaux traits de leur corrélation, et la ligne qui les sépare au point de vue de notre système.

La science du droit a pour objet l'étude des deux tendances principales qui se manifestent dans la volonté; la science de la morale ne s'occupe que d'une subdivision que l'une de ces tendances, la liberté, présente. Car l'idée de la morale n'est qu'une des idées dérivées de l'idée-mère de la liberté, telle qu'elle se présente au point de vue auquel nous l'avons expliquée.

Elle se présentera autrement si, prenant pour point de départ l'essence spirituelle dont l'homme est doué, on y distinguait les idées et les coordonnait selon qu'elles admettent l'élément matériel dans une proportion de plus en plus considérable.

Dans ce cas, l'idée de la morale devra être considérée comme idée principale, puisque, à l'exception de l'idée religieuse, elle serait rapprochée plus qu'aucune autre de la pureté de l'essence spirituelle. L'idée de liberté alors ne se présentera plus que comme une idée dérivée et entachée, à différents degrés, d'influences matérielles.

La première thèse de l'idée du droit est celle

qui établit la supériorité de l'homme sur les autres créations de la terre.

Les conséquences logiques de cette thèse mènent à un droit illimité, si les idées de liberté n'en arrêtent le développement.

Les idées de morale ayant le même point de départ, la supériorité spirituelle de l'homme, tendent à maintenir cette supériorité en dégageant le principe spirituel des influences de l'élément matériel, surtout lorsqu'ils se touchent de plus près, dans le corps même de l'individu.

De la vague idée de sa propre supériorité, l'homme arrive à reconnaître la même supériorité à son prochain, thèse qui constitue l'idée de la justice.

La morale présente, sur ce point, cette différence avec le droit que, conformément à ce dernier, l'observation de la justice est rendue obligatoire, tandis qu'en morale elle est pratiquée librement.

En sorte que la justice de la morale comble les lacunes laissées par la justice du droit.

C'est ainsi que la morale, non-seulement exige l'exécution des obligations qui, en vertu du droit, sont dues à autrui, mais encore de celles qu'impose le respect de soi-même, telles que la fidélité aux promesses, aux engagements d'honneur et autres.

La thèse qui établit le respect du droit d'autrui, et sert ainsi de garantie au droit, correspond en morale à un devoir plus élevé. Au point de vue de cette dernière, l'homme doit non-seulement s'abstenir d'empiéter sur le droit étranger, mais doit comprimer ses dispositions égoïstes, de manière à savoir faire le sacrifice de son propre droit en faveur d'un autre.

L'idée de la morale ne s'arrête donc pas à la libre pratique de la justice, mais en se dégageant, de plus en plus, des influences égoïstes que l'élément matériel produit, s'élève aux vertus qu'on nomme la bienfaisance, l'humanité, la miséricorde. Elles se rencontrent par leurs effets avec l'amour du prochain, point où la morale touche à la religion.

La thèse qui constitue, en droit, la justice distributive, par la rétribution du mal par le mal et du bien par le bien, correspond en morale à la doctrine que le bien doit être rendu par le bien, si ce n'est de fait, au moins par le désir et par le sentiment. De là les devoirs de la reconnaissance, du dévouement, etc.

En ce qui concerne la rétorsion du mal par le mal, les doctrines morales divergent selon qu'elles sont d'origine humaine ou divine.

La morale humaine excuse, dans quelques cas, la rétorsion par le mal, l'admet dans quelques autres, et l'exige même dans les cas où il a été porté atteinte à l'honneur. La religion fait un devoir de l'abnégation, dans ce cas même, et commande le pardon des injures.

Sur ce point essentiel, la morale humaine diffère entièrement de la morale divine.

Dans le système du droit, l'application de la justice distributive, comme peine et récompense, constitue une des attributions de la société comme telle. Mais la société use aussi de peines et de récompenses, en ce qui concerne les actions qui touchent à la morale. Seulement ce n'est jamais qu'une partie de la société qui exerce ces fonctions de justice morale, et notamment celle qui se trouve en quelque relation avec l'individu dont la morale est en question.

Elle récompense les bonnes actions par l'estime, et punit les mauvaises par le mépris. Dans bien des cas, ces deux moyens sont aussi efficaces que ceux dont dispose l'autorité publique.

On pourrait considérer la justice morale comme

suppléant à la justice du droit, en ce qui concerne les actions auxquelles cette dernière ne saurait être appliquée. Mais l'une aussi bien que l'autre peut être induite en erreur, par des apparences trompeuses.

Sur ce point encore, la religion se sépare de la morale humaine, en plaçant au-dessus de la justice incertaine des hommes une justice infaillible.

Dans son ensemble, l'idée du droit tend à dominer la matière en la faisant servir aux besoins de l'homme, l'idée de la morale tend à la dominer en se détachant de ses influences.

L'idée de la morale se place, à cet égard, en opposition avec celle du droit ; car, tandis que cette dernière tend à unir l'homme étroitement avec la matière, l'autre cherche à l'en éloigner et à l'élever au-dessus d'elle.

Il s'ensuit que les règles de la morale se distinguent constamment de celles du droit, en ce qu'elles tiennent de plus près à la spiritualité, et exigent une subordination plus complète de l'élément matériel.

Il y a une autre différence essentielle entre les deux idées du droit et de la morale, considérées dans l'ensemble de leur rapport. L'idée du droit ayant pour base un élément matériel, la force matérielle peut servir à le maintenir dans son intégrité. L'idée de la morale, par sa tendance à repousser l'élément matériel, se meut dans une sphère qui est inaccessible pour celui-ci.

C'est pourquoi la morale ne se prête pas à devenir la base générale des rapports sociaux; imposée forcément, elle perdrait la spontanéité qui en constitue l'essence même.

En changeant ainsi de caractère, elle se transformerait en principe arbitrairement établi, tandis que le propre du droit consiste précisément à ne pas changer de nature, soit qu'on l'observe spontanément, soit forcément. Par cette raison, c'est la base la plus générale qu'on puisse trouver pour établir l'ordre social.

En cherchant à expliquer l'idée de la liberté, on l'a souvent identifiée avec *le libre arbitre*, en prenant ce dernier comme point de départ de l'autre.

Mais le libre arbitre n'est pas le point de départ de la liberté, il est celui de la volonté intelligente. La liberté n'est pas autre chose que la tendance propre à l'esprit de se libérer du contact de la matière. Nous croyons avoir suffisamment établi cette thèse, en ce qui concerne les manifestations de l'idée de la liberté relativement aux rapports sociaux.

Le libre arbitre est la faculté que l'homme possède de suivre une idée ou de l'abandonner, ou en d'autres termes d'avoir une volonté. D'où suit la faculté de choisir entre plusieurs idées, ou entre l'un et l'autre côté de la même idée.

Par la décision prise, et son exécution, un acte quelconque de la volonté s'accomplit, le libre arbitre se réalise. Une suite de moments pareils, en se continuant dans le même sens, constitue une tendance.

Nous ne saurions entreprendre en ce lieu de traiter à fond de la question métaphysique du libre arbitre, ou du rapport entre la volonté et l'idée. Il suffira d'indiquer les faits sur lesquels la question doit porter.

Le libre arbitre est soumis à un grand nombre de causes déterminantes qui en paralysent la spontanéité. Ces causes sont tantôt extérieures et proviennent d'impressions sensuelles, et tantôt elles sont intérieures et tiennent au mouvement dialectique des idées.

Dans le premier cas, à mesure que le côté matériel de l'idée prépondère, le libre arbitre en subit l'influence dans le choix de la direction à prendre, et se trouve ainsi de plus en plus limité.

Dans le second cas, lorsque le libre arbitre se lie au mouvement des idées, celui-ci l'entraîne de conséquence en conséquence, ou d'un fait à l'autre, à des résultats qui n'apparaissent pas de prime abord.

Le mouvement dialectique enchaîne la volonté par les procédés logiques, de manière qu'il y aurait de l'inconséquence à abandonner la direction. C'est cette liaison entre les faits qui se montre comme une nécessité, comme une force supérieure à la volonté humaine, qu'on a souvent nommée destin ou prédestination.

2° *De la République.*

Après avoir étudié l'idée de la liberté à un point de vue général, dans son rapport avec d'autres idées, il nous reste à voir comment elle se comporte dans l'application à la réalité.

Supposons qu'une société se constitue sur la base du droit seul, et que la tendance de liberté y ait été entièrement comprimée. Dans ce cas, toutes les institutions sociales prendront le caractère d'une sévère uniformité. — Ce sont les idées de liberté qui, en se combinant avec les idées de droit dans différentes proportions, produisent la diversité; or, les idées de liberté une fois exclues des rapports sociaux, la fixité remplacera la diversité.

La société prendra les formes qui sont le produit nécessaire de l'idée du droit, unilatéralement développé. — Ces formes se retrouvent dans toute société placée dans les mêmes conditions, et peuvent se conserver immuables pendant des siècles, si les idées ne changent pas.

Tous les rapports sociaux, entièrement dominés par l'idée du droit, formeront une masse compacte où le droit privé n'aura pas de base propre et assurée, mais sera subordonné au droit individuel du chef, de manière à pouvoir en être absorbé facilement.

Des rapports entre les hommes, le schématisme passera aux hommes eux-mêmes. Ils seront divisés par classes ou par castes, et subiront pendant toute leur vie la contrainte d'une règle uniforme et minutieuse. Leur éducation n'aura d'autre but que celui de les façonner à un ordre de choses, qu'autrement ils ne pourraient endurer.

La société humaine sera transformée ainsi,

dans un ensemble d'institutions plus ou moins ingénieuses, plus ou moins compliquées, et qui fonctionneront régulièrement si elles ne sont pas dérangées arbitrairement. Car, dans la société organisée sur la base du droit abstrait, la diversité ne pouvant provenir de l'idée de la liberté qui en est exclue, s'y introduira par l'arbitraire. Mais cette diversité diffère de celle que produit l'idée de liberté, et se borne à des changements dans les rapports extérieurs, les formes ou les dimensions. Dans une société constituée ainsi, toute spontanéité, tout mouvement intellectuel ayant pour objet les intérêts généraux de la société, se trouveraient étouffés.

Mais si une pareille organisation s'est conservée pendant des siècles parmi quelques races d'hommes, d'autres ne supportent pas cet assujettissement excessif.

Si, parmi ces dernières, l'autorité constituée dans la société maintient le droit à l'état d'abstraction calculé pour comprimer tout mouvement de liberté, il se fera sentir un malaise qui pourra se manifester de différentes manières.

Ou bien la réaction des idées de liberté s'accomplira lentement, par un mouvement progressif, et, à mesure qu'il se généralisera, toutes les notions sur le rapport entre le droit et la liberté se trouveront changées. Une fois l'évolution dans les idées accomplie, le changement dans l'ordre des faits suivra de lui-même, presque imperceptiblement.

Ou bien la réaction éclatera à l'extérieur avant que le revirement général dans les idées se soit opéré. Dans ce cas, il s'engagera une lutte dont l'issue dépendra de la supériorité des moyens intellectuels et physiques mis en jeu.

La réaction se dirigera contre la dernière expression du droit, l'autorité seule, ou prendra le caractère d'une lutte socialiste en s'attaquant à tout droit.

Si elle l'emporte, les objets du droit, — les choses, — cesseront d'être la propriété individuelle des hommes, et deviendront celle de la société entière.

La multiplicité des droits individuels se changerait ainsi en un seul droit général. Les choses deviendraient communes ou publiques — *res-publicæ* — parce que leur matière serait occupée par la volonté commune de la société entière, au lieu de l'être individuellement.

C'est là le véritable caractère de la société qui se nomme la *république*, tandis que le terme, la *démocratie*, signifie seulement que l'autorité est exercée par le peuple.

Tous les objets du droit ayant été mis en commun, leur usage donnerait lieu à l'une de ces deux alternatives : Ou bien la bonne harmonie se maintiendra dans la société, en sorte que les volontés individuelles se trouveront unies en une seule volonté générale, agissant dans un accord parfait. Les hommes alors vivront en paix, unissant leur travail, dont ils partageront le produit sans aucune contestation, ayant fait abnégation de toute tendance égoïste, de toute passion intéressée. Mais un état de choses aussi parfait ne se rencontre nulle part en réalité. La seconde alternative se présente ainsi : En l'absence de toute autorité parmi les hommes, l'usage commun des objets nécessaires à leur subsistance amènera des dissensions parmi eux, comme celles que Hobbes place à l'origine de toute société, et qu'il caractérise par cette expression, — la guerre de tous contre tous. Hypothèse qui serait parfaitement juste si la vieille fable de l'âge d'or et de la communauté primitive des biens pouvait effectivement être placée à l'origine de la société, puisque alors le passage de cette époque à une autre donnerait lieu à une confusion complète.

des liens qu'elle ne peut plus rompre à volonté.

On a bien cherché à établir, comme doctrine démocratique, la maxime que le peuple a le droit de manifester sa volonté par l'insurrection. — Ce serait admettre la force comme élément social permanent. — En outre, au point de vue démocratique même, il y aurait une contradiction entre cette doctrine et le but dans lequel l'ordre social est introduit dans la république.

Dans d'autres sociétés, dans la monarchie, par exemple, il est un produit spontané de la nature des choses. — La république, au contraire, ne produit pas elle-même les institutions sociales, mais les emprunte aux sociétés fondées sur le droit, — pour introduire chez elle l'ordre, et dompter le principe de la force. En sorte que, dans la république précisément, plus que dans toute autre société, elles sont destinées à réprimer l'exercice de ce prétendu droit à l'insurrection, incompatible avec tout ordre social.

La force démocratique cesse donc de se produire comme un simple élément matériel, dès qu'elle a servi à consolider la nouvelle société.

L'usage des biens communaux et les actions des membres de la société devant être régularisés d'une manière quelconque, la majorité fera connaître sa volonté à cet égard, et l'ordre se trouvera établi dans la république. La volonté de la majorité, faisant ainsi la loi, sera d'autant plus libre dans ses mouvements qu'elle ne souffrira pas d'opposition. Mais plus cette majorité sera nombreuse, plus elle aura de peine à s'entendre sur des lois qui doivent embrasser toutes les actions des citoyens. Pour se tirer de cette difficulté, elle se verra amenée à en confier la rédaction à un petit nombre d'individus ou à un seul législateur.

Ces lois auront pour but d'établir dans la république un ordre social conforme à son esprit. Nous avons appris à connaître l'ordre social qui a pour base le droit, et avons vu que les différents genres de droit, les institutions de la justice et celles de l'autorité, sont le produit du mouvement par lequel l'idée du droit s'incorpore à la matière. L'idée de la liberté, au contraire, au lieu de se fixer sur la matière, la repousse ; au lieu d'une tendance créatrice il n'y a en elle qu'une tendance destructive. Et néanmoins, aucune société ne saurait exister sans autorité quelconque, sans règle pour les actions, quand même le droit, comme tel, y aurait été détruit.

Pour satisfaire à ces nécessités sociales, les

législateurs de la république seront obligés d'emprunter aux sociétés constituées sur la base du droit leurs institutions sociales. Mais ils les modifieront dans le sens et conformément aux besoins de la république.

Il s'ensuit que la république pure, étant privée de toute base sociale qui lui soit propre, la cherchera dans un autre ordre d'idées. L'accomplissement plus ou moins parfait de cette tâche dépendra donc de la sagesse du législateur, et du point de vue auquel il se sera placé. Mais ce point de vue ne saurait qu'être subjectif, puisqu'il s'agit, non pas de découvrir les idées créatrices d'un ordre social, mais de faire choix, dans un autre ordre social, d'institutions qui doivent ensuite être appropriées à la nouvelle destination qu'elles ont reçue.

La législation, dans la république, ne pourra pas prendre, pour son point de départ, la justice, puisque extérieurement elle se constitue dans des limites et avec des différences que la république a anéanties en détruisant le droit privé. — Il ne resterait ainsi au législateur à adopter, comme base générale des lois, que l'un des deux côtés de la justice, pris dans leur abstraction, soit l'équité, soit la justice matérielle, — ou bien quelque principe de nature à maintenir l'uniformité dans les actions.

Des prescriptions de ce dernier genre sont effectivement propres à conserver l'ordre dans une réunion d'hommes, comme le prouvent les règlements militaires et ceux de police, mais ils n'ont pour base qu'une idée de symétrie extérieure, et non une idée créatrice.

Les anciennes républiques de la Grèce nous offrent l'image d'une telle législation, où le point de vue subjectif prédomine entièrement. Mais aucune d'elles n'a réalisé l'idée de la république abstraite dans sa pureté, puisqu'aucune d'elles n'a établi la communauté des biens dans toute sa rigueur.

La majorité de la république ayant adopté la combinaison imaginée par le législateur, ces lois seront valables pour tous les citoyens, et l'autorité qui en découlera représentera ainsi la volonté de la majorité. — L'origine de cette autorité étant différente de celle qui provient du droit, nous la nommerons autorité légale, par opposition à l'autorité de droit ou légitime.

L'autorité légale étant fondée sur la législation, qui elle-même n'est que l'expression de la volonté de la majorité, pourra devenir aussi exclusive, aussi arbitraire que l'autorité légitime portée à ses dernières conséquences. En sorte que l'effet extrême, dans l'un et l'autre cas, sera le même : toute manifestation de la liberté individuelle sera étouffée. La législation de la république restreindra d'autant plus la liberté individuelle, qu'elle se rapprochera de la pureté de l'abstraction, car, en s'écartant ainsi de la nature des choses, elle sera forcée de déterminer, jusque dans ses moindres détails, l'ordre subjectif et artificiel qu'elle y aura substitué.

De cette manière, les conséquences du droit abstrait, ainsi que de la liberté abstraite, nous ont amené au contraire de chacun des deux principes. Le droit, en provoquant la réaction, est arrivé à sa propre destruction, et nous voyons également la liberté aboutir à son propre esclavage. Il s'ensuit que ces deux manifestations de la nature humaine, prises dans leur abstraction, se terminent chacune par la contradiction logique pure.

Et de même que nous avons fait observer que l'autorité illimitée, ou absolue, comme on la nomme, ne pouvait exister en réalité dans toute sa rigidité, la liberté ne se retrouve nulle part non plus, en réalité, dans sa pureté abstraite.

Nulle part les hommes ne sauraient remplir la condition nécessaire de la république pure, celle de surmonter les tendances égoïstes ou matérielles de leur nature. Ils ne sauraient rester désintéressés relativement au produit de leur travail, ni comprimer leur disposition à l'approprier de préférence à leurs propres besoins : — c'est pourquoi toute législation, même la plus démocratique, admet le droit privé, du moins jusqu'à une certaine étendue.

De cette manière, le droit, que nous avons considéré précédemment comme la source de l'autorité, devient, à son tour, un produit de l'autorité, qui représente la volonté de la majorité.

C'est dans ce sens aussi qu'il est juste de dire que les lois sont la source des droits. Dans la république, les lois deviennent en effet la source des droits ; car le droit, s'il avait été anéanti, y reparaîtrait de nouveau, mais en tant seulement que la législation lui accordait sa sanction.

Ailleurs, au contraire, où le droit a pu prendre un développement suivi, l'autorité législative et la législation elle-même ne sont qu'une conséquence du droit, comme nous l'avons fait voir précédemment. Mais déjà nous avons également fait observer que quand même le droit serait la source de tout pouvoir social et de la législation, il n'en est pas moins déterminé, à son tour, par cette dernière. Car l'idée de la justice, en limitant celle du droit, puisqu'elle reconnaît également le droit d'autrui, varie elle-même selon la valeur que les hommes accordent au droit. C'est ainsi que les limites de la justice, représentée par la législation, s'élargissent ou se rétrécissent, conformément au développement qu'a pris l'idée du droit chez tel peuple, à telle époque donnée. L'influence que la législation exerce sur le droit peut s'étendre au point d'anéantir ses différences pour l'élever à la généralité, comme c'est le cas lorsque les hommes interprètent leur égalité de manière qu'ils doivent participer également à l'usage du droit, qui leur appartiendra en commun. Et comme le mouvement intellectuel peut atteindre à cet extrême, par suite d'un développement lent et successif, nous arrivons ainsi à l'idée de la république pure, par une autre voie encore que celle de la réaction violente.

C'est ainsi que les droits et les lois se trouvent dans une action et réaction perpétuelle, aussi intime que celle de la liberté et de l'autorité. —

Double mouvement dont la nature humaine forme le pivot, enlacé dans ce cercle mouvant où l'on ne distingue plus ni commencement ni fin. Car le droit se rencontre à sa source avec la liberté ; — ils y sont identiques, puisque le droit est le produit de la volonté humaine, libre et intelligente de son essence. Le droit devient la source de la législation, de l'autorité. Mais, d'un autre côté, l'autorité, comme dernière expression du droit, produit à son tour, par son extrême, l'extrême de la liberté : elle arrive à ce résultat, en logique, par le mouvement des idées, et, dans la réalité, par le fait qu'on nomme révolution. La liberté donne de nouveau naissance à l'autorité, aux lois, aux droits qui réagissent sur elle, et ainsi de suite.

L'idée de liberté produit donc, aussi bien que l'idée du droit, les droits, les lois, l'autorité, — mais en sens inverse, en commençant par cette dernière. Aussi, dès qu'une révolution dirigée contre le droit s'accomplit, une autorité quelconque se produit en premier lieu, et la transformation des institutions sociales ne s'opère que par son entremise.

Cependant, si la république pure ne saurait exister dans la réalité, on voit naître des formes sociales qui en approchent. La communauté des biens étant la véritable idée de la république, si une communauté pareille s'établit, du moins partiellement, par un motif quelconque, il en résultera des rapports sociaux auxquels le principe républicain de la majorité servira de base. C'est ainsi que la propriété commune de landes, de bois, de pâturages ou de terrains quelconques, à laquelle participent plusieurs familles ou individus indépendants les uns des autres, donnera lieu entre eux à des rapports où la majorité servira d'autorité.

Cependant une telle supposition n'est juste qu'autant que l'égalité matérielle continue à se maintenir parmi ces individus, puisque dans ce cas seul la majorité serait toujours l'expression de la force. Mais une égalité matérielle même approximative, entre individus doués d'activité et de moyens différents, est si contraire à la nature des choses, qu'elle ne saurait être maintenue que forcément. Autrement, l'inégalité s'introduirait dans la république, principalement par l'intermédiaire de l'idée du droit, si elle y prenait du développement, car il en résulterait la propriété séparée des biens, ce qui amènerait l'inégalité de forces parmi les citoyens.

La décision des affaires publiques appartiendra alors aux puissants, puisque la force de la majorité aura passé en leur possession, surtout s'ils s'unissent entre eux — Leur cercle, se rétrécissant toujours davantage, pourra aboutir à la monarchie.

Dans ce cas, si le monarque succédait en entier à l'autorité qui avait été établie dans la république, son autorité pourrait égaler ou surpasser celle qui est fondée sur le droit le plus extrême. Mais certains principes de gouvernement, et de formules qui accompagnent les actes publics, semblables à celles dont les empereurs romains faisaient usage, rappelleront l'origine populaire de son autorité, jusqu'à ce qu'enfin, toute trace d'origine différente venant à s'effacer, les deux genres de monarchie se soient entièrement assimilés. Il pourra même se présenter alors une contradiction, qu'on a vue se renouveler à plusieurs reprises. La monarchie d'origine populaire se servira de formules et d'un langage de gouvernement qui appartiennent à la monarchie fondée sur le droit; et cette dernière, cédant à l'influence de doctrine en vogue, pourra faire usage à son tour d'un langage officiel qui indiquera une origine démocratique.

Mais si la république, en se rétrécissant de plus en plus, s'arrête à un des degrés intermédiaires avant d'aboutir à la monarchie, elle prendra le nom d'aristocratie. Généralement, on établit comme distinction entre l'aristocratie et la république, le nombre. Il constitue dans la première la minorité, et dans la seconde la majorité.

Mais cette distinction admise en théorie n'est pas même exacte en réalité, si on a égard au nombre des individus qui composent la corporation souveraine de la république, et à celui des individus qui lui sont soumis, puisqu'on trouverait alors que les citoyens ou membres souverains de la république sont toujours en minorité à l'égard de ceux qui dépendent de leur autorité. Car on ne voit jamais de république sans y rencontrer des individus qui ne font pas partie de la corporation souveraine, et, par cette raison, doivent être considérés comme de véritables sujets : ce sont les femmes et les enfants de chaque citoyen, les habitants des dépendances ou des pays conquis, les esclaves ou autres inférieurs quelconques.

L'idée de la république suppose une association entre hommes indépendants et égaux. Mais à cause de la difficulté d'un rapprochement entre égaux, on la voit rarement se former de cette manière. Un pareil rapprochement ne peut être amené que par des circonstances extraordinaires et fortuites, telles que communauté de biens accidentelle, fréquentation des mêmes temples, réunion dans le même lieu de refuge. (Telle fut l'origine de la république de Venise.) — Aussi l'histoire ne présente-t-elle qu'un très-petit nombre de sociétés humaines républicaines d'origine; et presque toujours la république ne se compose que des débris d'une autre société. Cette transformation peut être amenée par la violence, mais elle peut se faire aussi d'une manière conforme au droit. Dans le cas, par exemple, où une monarchie serait privée de son chef, sans qu'il eût transmis ses droits à un autre, tous ceux qui étaient soumis à son autorité se trouveraient indépendants. Si les rapports sociaux qui existent dans la monarchie avaient tellement passé dans leurs habitudes, qu'ils ne voulussent pas les voir changer, ils se concerteraient sur le choix d'un nouveau souverain, pour remplacer celui qu'ils ont perdu. Mais si ces individus devenus indépendants se trouvent sous l'influence d'autres idées, ils voudront conserver la liberté personnelle qui leur est échue en partage, et accaparer encore, par première occupation, tous les droits restés vacants dans la monarchie.

Et c'est ainsi que, selon le nombre plus ou moins considérable des individus qui se saisiront du pouvoir souverain, une forme sociale aristocratique ou démocratique prendra la place de la monarchie.

On voit donc l'aristocratie se constituer encore autrement que par la diminution successive du nombre dont se compose la corporation souveraine dans la république. Un petit nombre d'individus pourra se mettre en possession du pouvoir souverain resté vacant, et en augmentant il arrivera à son tour aux proportions d'une république.

Il y a donc erreur à condamner, du point de vue de la légitimité, l'existence même de la république, puisqu'elle peut se constituer d'une manière aussi légitime que la monarchie elle-même. Mais il est certain, d'un autre côté, que les tendances propres à ces deux formes sociales ne sauraient manquer de se manifester dans chacune d'elles, avec plus ou moins de prépondérance, ce qui les place toujours en opposition de principes.

3° *L'état féodal.*

On a pu se convaincre que l'extrême du côté par lequel des rapports d'autorité et de dépendance s'établissent parmi les hommes, de même que du côté par lequel ces rapports sont repoussés, c'est-à-dire les extrêmes du droit et de la liberté, mènent également à des abstractions qui ne peuvent exister dans la réalité. Cependant ces extrêmes résultent uniquement de la manifestation exclusive de l'un des deux côtés, aux dépens de l'autre, et il s'ensuit que, ne pouvant s'exclure réciproquement sans contradiction logique, il ne leur reste d'autre alternative que celle de se comporter mutuellement, et de se coordonner dans une proportion quelconque. Reste à examiner sur quelle base cette proportion peut être établie.

Le droit, se combinant avec l'idée de la liberté, en éprouvera, comme première modification, la perte de son caractère abstrait. Si on observe cette modification dans ses conséquences pratiques, on verra le père de famille abandonner l'idée de conserver la propriété exclusive et perpétuelle des objets livrés à la consommation de ses enfants; et il reconnaîtra un terme où ces objets cesseront de lui appartenir, soit complétement, soit du moins en partie. Il s'ensuit que ses enfants se trouveront plus ou moins complétement libérés de son autorité à un terme donné. Ce terme ne saurait devancer le moment où le développement des facultés intellectuelles de l'homme est assez avancé pour lui permettre d'en faire usage, puisqu'il ne peut jusque-là se conduire par lui-même. Dans la prévision de ce moment, le père de famille n'aura livré à ses enfants les objets nécessaires à leur subsistance que d'une manière conditionnelle, puisqu'il y aura attaché l'idée conditionnelle de n'en conserver la propriété que jusqu'à leur majorité. Il s'entend, du reste, que nous ne voulons pas dire par là que les hommes arrivent à la conscience d'idées de ce genre; mais, quoiqu'ils n'en aient qu'un sentiment obscur ou instinctif, ils en subissent néanmoins l'influence.

Cette donation conditionnelle ne dépendra qu'à un certain degré de la volonté individuelle du père de famille, puisqu'il ne saurait se soustraire à l'effet des idées du temps sur la valeur de la propriété. Et, d'un autre côté, ses enfants, une fois arrivés à l'âge de majorité, revendiqueront la part d'indépendance et de liberté individuelle que leur assurent les coutumes et la législation du pays. — L'individu ne peut ainsi attacher au droit une plus grande valeur que celle qui résulte de la législation à laquelle il est soumis, puisque celle-ci détermine combien l'idée de l'autorité se trouve circonscrite par celle de la liberté.

Le droit subira ainsi un changement dans sa nature la plus intime, dans l'idée même qui constitue son essence, celle de la puissance de l'intelligence sur la matière. Cette puissance se trouvera restreinte, puisque sa durée perpétuelle ne sera plus admise, et qu'au contraire les objets cesseront d'appartenir, du moins d'une manière exclusive, au premier propriétaire, par suite de leur transformation dans la substance d'un autre individu.

L'une des conséquences du droit, celle qui sert de base à l'autorité, ayant été essentiellement modifiée de la sorte, tous les autres rapports sociaux se ressentiront de l'influence de cette modification. — La liberté individuelle ressortira d'une manière plus prononcée ; mais le degré de ce développement, la proportion dans laquelle elle se combine avec l'idée du droit, ne peut être déterminée que d'une manière générale par les coutumes ou la législation spéciale du pays. Alors le besoin se fera sentir d'en préciser les détails davantage encore, ce qui ne pourra être atteint qu'à l'aide de stipulations ou de contrats.

Cette tendance est de nature différente : ou bien elle est individuelle, c'est-à-dire que chacun dans la société ne songe qu'à ses avantages personnels; ou bien elle prend un caractère plus général et embrasse les intérêts de la société entière, c'est-à-dire qu'elle se dirige vers un but social.

Nous nous occuperons de cette dernière direction sociale plus loin, en parlant de l'état moderne. L'autre tendance, qui porte à s'assurer individuellement des avantages du droit ou de la liberté, produit des formes sociales auxquelles nous donnerons dans leur ensemble le nom d'*état féodal.*

Les contrats dont nous venons de parler ont pour but de déterminer la mesure réciproque du droit et de la liberté. Ils se trouveront sous l'influence des idées contemporaines à cet égard et en recevront une teinte générale, par laquelle ils se rapprocheront de préférence de l'un des éléments sociaux qu'ils sont destinés à concilier;

mais ne sauraient néanmoins s'étendre à tous les cas, à tous les accidents de la vie commune, qui échappent par leur multiplicité à la prévision et à la détermination.

Une partie de ces cas est réglée par les coutumes et les lois. Mais il se forme, entre les hommes, des rapports d'une autre nature encore. Ils ont leur source soit dans le sentiment et la nationalité, soit dans la morale et la religion, et ne sauraient être réglés ni par les lois ni par les contrats.

Les premiers sont les produits des facultés naturelles dont l'homme est doué, et les seconds dépendent de son libre arbitre.

Nous voyons ainsi la loi et le contrat se compléter réciproquement, et il y a entre eux une corrélation dans les conditions suivantes :

Les rapports qui s'établissent entre les hommes, en vertu de la loi, ont autant et, originairement, même plus de force obligatoire que ceux qui ont le contrat pour base, puisque, à l'origine de la société, c'est la loi qui, de toutes les règles de droit, est la plus générale par la raison suivante : la justice est une règle absolument générale pour toutes les actions des hommes, au point de vue du droit. La loi résulte de l'application de l'idée de la justice à chaque cas spécial, et la représente par conséquent telle qu'on l'entend dans les différentes sociétés. Plus la loi se rapproche de la justice, et plus elle participe de son caractère de généralité. En cherchant à régler toutes les actions, elle s'étend aussi à celles qui ont le contrat pour base, en sorte que celui-ci ne se rapporte qu'à une partie des cas auxquels la loi s'applique et lui est subordonné comme la partie au tout.

A l'origine de la société, le contrat est même inconnu, et n'y paraît que lorsqu'elle a acquis un certain degré de développement.

Mais alors, à son tour, il peut prendre une extension de plus en plus considérable, au point de déterminer tous les rapports de droit. La législation lui sera subordonnée, car elle sera déléguée à un pouvoir spécial, dont les attributions seront précisées par un contrat général, auquel on donne les noms de contrat social, de charte ou de constitution.

On voit que, de même que le droit passe de la généralité à la particularité et revient à celle-là, de même la législation et le contrat se trouvent dans une corrélation où tour à tour ils prennent le caractère de la généralité et de la particularité l'un à l'égard de l'autre.

La raison seule que la loi aussi bien que le contrat imposent certaines obligations n'est donc pas suffisante pour les assimiler, quand même ces obligations, comme il arrive, seraient identiques. Car s'il y a de l'analogie dans les effets extérieurs produits par la loi et par le contrat, il y a entre eux une différence essentielle de cause.

Le législateur cherche à régler tous les rapports, toutes les actions dans la société, et leur impose l'uniformité extérieure. C'est là le but qu'il a principalement en vue, sans s'arrêter à la considération si les hommes acceptent librement la loi et se mettent ainsi d'accord par leur volonté, ou s'ils ne l'acceptent que forcément. L'uniformité extérieure influe, il est vrai, sur les volontés individuelles et les rapproche les unes des autres ; mais au point de vue légal ce n'est là qu'un résultat d'importance secondaire, et auquel on n'arrive qu'indirectement. Dans le contrat, au contraire, la concordance des actions s'établit sur la base de l'accord entre les volontés, qui résulte d'intérêts qu'ont en commun les parties contractantes. Tel est au moins le caractère général du contrat. Il tend principalement à mettre d'accord les volontés ; d'où suit, comme conséquence nécessaire, la concordance des actions.

Le contrat est donc une des modalités du droit les plus importantes dans la société des hommes; mais supposer que tous les rapports sociaux n'aient d'autre base que le contrat est une de ces exagérations qui ont leur source dans l'abstraction, où l'autre côté de la question a été perdu de vue. Elle fausse les idées et mène aux conséquences les plus extrêmes. On généralise, on veut étendre à tous les cas une règle qui n'est applicable qu'à un certain nombre de cas. Au dix-septième siècle, on voulait expliquer par le contrat tous les rapports de l'homme. Coccejus et son école prétendaient même que la religion n'avait d'autre base qu'un contrat entre Dieu et l'homme. Ces exagérations ne pouvaient pas durer, et Leibniz fut un des premiers à ébranler la foi dans l'omnipotence du contrat. Cependant, vers la fin du siècle dernier, la doctrine du contrat social a de nouveau pris une extension démesurée, et par conséquent fausse, mais depuis est revenue à plus de mesure.

Il nous reste maintenant à examiner de quelle manière l'état féodal se forme dans la réalité.

Nous avons montré précédemment que si les familles secondaires suivent la coutume de rester auprès de la famille mère, celle-ci prendra un développement de plus en plus considérable. Mais si l'idée du droit perpétuel s'est modifiée de telle sorte que les familles secondaires acquièrent la propriété des terres nécessaires à leur subsistance, dans ce cas il sera de leur convenance de s'établir au milieu de leurs possessions, et elles s'isoleront ainsi les unes des autres [1].

[1] Les races slaves ont la disposition caractéristique de se domicilier par villages; les peuples germaniques, au contraire, préfèrent les établissements isolés. Dans toutes les contrées slaves, cette coutume s'est conservée jusqu'à nos jours, dans les pays même qui se sont trouvés pendant des siècles sous une domination étrangère. (Voyez, sur ce sujet, une dissertation instructive dans un journal de Berlin : *Berliner politisches Wochenblatt*, année 1832, p. 286.) — Il est à remarquer cependant que les tribus slaves qui vivent de l'entretien des troupeaux, sont, comme la nature de leurs occupations l'exige, domiciliées isolément. Le docteur Anton écrivait en 1783 : « Noch vor einigen 30 Jahren « war dieses der Zustand von Slavonien; die Haüser lagen weit « zerstreut aus einander, und man würde vergeblich Haüser « nach unserer Art gesucht haben. So sind in Kroatien die « Hauser zerstreut, ohne Ordnung wie Hauser der Wilden. » (L. c., S. 98.)

Une autre particularité se rattache à cette diversité dans la manière de s'établir. — Les forts et les châteaux isolés prédominent dans les pays féodaux; dans ceux d'origine patriarcale, au contraire, ils n'existent que dans les contrées montagneuses, à l'entrée des défilés, et ce sont les villes qu'on y fortifie. C'est ainsi qu'anciennement il n'y avait en Russie que quelques forts au nord et des couvents fortifiés; mais chaque ville possédait un rempart, quoique d'ordinaire en bois seulement. Le grand mur de la Chine est encore plus caractéristique sous ce rapport.

Il se pourra cependant que, dans les commencements, cet isolement n'interrompe pas leurs rapports réciproques, surtout si l'éloignement des domiciles n'est pas trop considérable. Mais une connexion de ce genre, n'étant que personnelle et passagère, cessera complétement entre les familles plus éloignées qui se seront perdues de vue. Elles pourront ainsi conserver l'unité des croyances et des coutumes, — leur nationalité ; — mais leur unité extérieure serait rompue si leurs chefs devenaient entièrement indépendants les uns des autres et cessaient d'entretenir des relations entre eux.

Si, au contraire, par un motif quelconque, un certain nombre de familles ou d'individus restaient réunis, cette réunion pourrait augmenter rapidement, surtout si la protection d'un chef puissant assurait la sécurité à ceux qui la cherchent. — Ces nouveaux venus, amenés par le besoin de subsistance ou de sécurité, étant étrangers au chef, auront soin, autant qu'il dépendra d'eux, de préciser leurs rapports à son égard, par des stipulations et des conventions.

Mais les traces de la première formation d'une société ne s'effacent que lentement, et une réunion, amalgamée principalement d'ingrédients étrangers, n'acquerra que difficilement la force d'adhésion de la société, où prédominent principalement les éléments d'une seule famille qui s'est agrandie par elle-même, ou par la réunion d'un nombre de familles portant toutes le même type originel.

Dans la société qui s'est constituée ainsi, sur la base d'un grand nombre de conventions soit expresses, soit tacites, il sera fait à chaque individu sa part de droit et de liberté. De particuliers, ces rapports deviendront généraux, à mesure qu'il s'introduira une certaine uniformité dans les différentes classes d'hommes.

Ces classes se sépareront d'autant plus que leurs attributions seront plus distinctes. Les classes élevées se réserveront celle de participer aux affaires publiques, ce qui les éloignera encore des autres classes.

La séparation des hommes par classes, qui les placent à une grande distance les uns des autres, est le propre de l'aristocratie; et comme la société féodale, plus qu'aucune autre, favorise ces tendances exclusives, elle représente le principe aristocratique, comme la monarchie représente le principe de l'unité, et la république celui de la volonté démocratique.

4° *Les formes sociales exceptionnelles.*

L'objet du droit, la propriété change de nature avec le progrès social; elle ne consiste plus en terres ou en troupeaux exclusivement, mais dans un moyen d'échange universel, la monnaie qui les représente, ainsi que tous les autres produits de l'industrie humaine.

Toutefois de grandes sommes ne s'acquièrent pas subitement par un seul individu, puisque les fortunes marchandes colossales ne s'amassent que par plusieurs générations consécutives. Le commerce, qui en est la source, ne se développe lui-même que d'une manière lente et progressive, et suppose un état social avancé. En pénétrant dans un pays qui lui avait été fermé, il procure le bien-être et la considération à nombre d'individus qui jusque-là pouvaient manquer de moyens de subsistance; ayant atteint par la suite un développement complet, il devient une des sources principales de richesse dans le pays; les grands capitalistes s'emparent alors de ses différentes branches et forment une aristocratie marchande qui tient dans la dépendance ses confrères plus indigents. Le moyen même dont le commerce se sert, l'argent, en devient bientôt la branche principale. Ceux qui s'en occupent, les banquiers, se mettant en rapport entre eux, soit pour accélérer leurs affaires, ou pour se garantir réciproquement du malheur, forment un ou plusieurs cercles clos. Par suite de collisions, de rivalités ou d'autres circonstances, il arrive que plusieurs de ces maisons de banque rompent leurs relations, ou ne voient pas la nécessité d'en former avec chacune des banques associées. L'une d'elles devient alors le centre auquel aboutissent les transactions financières de toutes les autres, et il en résulte que son chef acquiert une puissance prédominante. S'il y avait dans le pays des troupes mercenaires, ou des bandes organisées de condottieri, il deviendrait possible de renverser l'autorité établie, à l'aide de grands moyens pécuniaires, surtout si l'esprit de commerce avait pénétré la société au point de donner à l'argent une importance démesurée [1]. C'est alors que les qualités morales de l'individu qui se trouve être en possession de ces moyens pécuniaires, décident la question. S'il est doué

[1] Voyez *Studien und Skizzen*, etc., du docteur Leo, p. 17 et suiv.

de la hardiesse, de la ruse et de l'habileté nécessaires, il pourra, comme les Médicis, se saisir du pouvoir souverain, et fonder de cette manière un nouvel État, auquel nous donnerons le nom d'*État commercial*.

Les colonies fondées dans un but mercantile, et enrichies par le commerce, prennent facilement le caractère de la société commerciale; en sorte qu'une révolution qui les détache de la mère patrie peut s'y accomplir aisément. Cependant, quoique l'on voie souvent se préparer les éléments qui pourraient produire l'État commercial, les circonstances sont rarement assez favorables pour qu'il s'en développe effectivement. Car par État commercial nous n'entendons pas celui qui aurait principalement le commerce en vue, mais celui où l'autorité souveraine serait provenue des richesses que le commerce procure.

Nous avons déjà vu précédemment que l'autorité se compose de différentes parties ou pouvoirs.

A mesure que la société se développe, les détails de ces différents genres d'autorité se multiplient, et ils s'augmentent encore de diverses fonctions civiles et militaires. Chacun de ces modes d'autorité a une sphère d'activité déterminée, mais il se pourra que l'un d'eux prenne un développement tel qu'il absorbe les autres, en sorte que les individus qui se trouveront à la tête de ce mouvement deviendront de fait les souverains du pays.

En examinant la nature de l'État moderne, l'occasion se présentera d'apprécier le développement que l'autorité législative est susceptible de prendre.

Quant à l'autorité judiciaire, nous ne connaissons pas d'exemple dans l'histoire, qu'elle eût acquis une si grande prépondérance qu'il lui fût devenu possible d'arriver à l'autorité souveraine dans l'État. Néanmoins, dans plus d'un pays, l'ordre judiciaire s'est développé de manière à prendre une véritable importance politique, qui dépassait de beaucoup les attributions du juge.

Aussi longtemps que les individus qui composent la famille sont réduits à pourvoir indifféremment à tous leurs besoins, ils ne peuvent s'en acquitter que d'une manière très-imparfaite; mais, à mesure qu'elle s'agrandit, les diverses fonctions et industries se séparent et se perfectionnent [1]. Plus une profession est difficile et

[1] Bei steigender Cultur nämlich, sondern sich alle Thätigkeiten des Volkes immer mehr, und was sonst gemeinschaftlich

exige de temps pour être apprise [1], et plus elle devient la propriété exclusive de ceux qui s'y vouent. Et comme chaque profession peut devenir une source de bien-être et d'honneur, ceux qui y sont passés maîtres communiquent leur savoir de préférence à leurs proches, pour leur assurer les avantages qu'il procure.

Si les individus ayant la même vocation conservent entre eux des relations sur les objets d'un intérêt commun, il se formera des corporations ou des castes, qui se dessineront plus fortement à mesure que les proportions de la société grandissent.

Ces associations, auxquelles un intérêt commun peut donner un développement d'une certaine étendue, arrivent rarement toutefois à une importance politique assez considérable pour que les chefs de la corporation puissent prétendre à l'autorité souveraine. Néanmoins, les corporations se constituant fortement sur quelque point isolé, — comme on l'a vu arriver dans

betrieben wurde, fällt jetzt einzelnen Ständen anheim. (Vom Beruf unserer Zeit, etc. SAVIGNY, S. 12.)

[1] Die Zünfte wurden noch tief ins Mittelaltez herein in Venedig Scholæ genannt. (Leo, Geschichte der italienischen STAATEN, B. 3, S. 5.)

quelques villes au moyen âge, — elles pourront y acquérir une autorité souveraine, ou une autorité qui en approchera, si les liens de l'État se relâchent de telle sorte que les villes elles-mêmes deviennent indépendantes.

Ainsi la richesse, les différents pouvoirs dont l'autorité se compose, même les associations secondaires, qui se forment au sein de la société principale, peuvent produire une société nouvelle. Mais l'histoire n'offre que peu d'exemples de créations pareilles, — et elles doivent être considérées comme exceptionnelles. C'est pourquoi nous les laisserons de côté dans le rapprochement suivant, entre les formes sociales.

Toutes les théories de droit public admettent trois formes sociales principales : la monarchie, soit indivise, soit partagée en plusieurs pouvoirs, l'aristocratie et la république. Cette division repose sur le nombre des personnes qui exercent le pouvoir, — relation facile à saisir, mais qui ne va pas au fond des choses. — Ce n'est pas là la solution d'une question, mais un expédient pour tourner la difficulté, — auquel on a souvent recours dans les sciences. On saisit des rapports qu'on aperçoit, et on glisse sur les idées qui les ont produits.

Le rapport de nombre, généralement admis comme base de la classification des formes sociales, n'a pas la valeur absolue qu'on lui attribue. Un nombre quelconque n'est pas nécessairement donné par telle forme sociale, il y a seulement de la connexité entre eux.

C'est ainsi que la monarchie suppose naturellement le pouvoir d'un seul, — et néanmoins l'histoire et le temps présent nous offrent des exemples de monarchies avec deux ou plusieurs souverains, exerçant une autorité, soit collective, soit partagée.

D'un autre côté, l'aristocratie et la république sont deux formes sociales qui passent l'une à l'autre, lorsque dans un moment donné le rapport entre la majorité et la minorité se déplace. — Mais avant que ce changement s'accomplisse, il peut rester longtemps douteux, en sorte que le nombre, au lieu de servir de règle, est lui-même incertain.

Les formes que prend la société humaine sont si diverses par leur origine, par leurs éléments constitutifs, ainsi que par la multiplicité des combinaisons qu'elles admettent, que ce serait en vain qu'on tenterait de les expliquer, non-seulement par un simple rapport de nombre, mais par un seul principe ou une seule cause, quelle que soit son étendue apparente.

Il faut au contraire reconnaître qu'elles sont le produit de deux principes, et se compliquent non-seulement de la différence des proportions dans lesquelles ces principes se combinent, mais des influences qu'exercent des causes permanentes ou passagères.

Toutes les formes sociales peuvent être effectivement ramenées à trois types principaux. Si c'est le droit ou la liberté qui se développent exclusivement, il en résulte, dans le premier cas, la monarchie pure, dans le second, la république pure; si ces deux principes se combinent dans des proportions fixées par des contrats particuliers, on a la société féodale, et la société moderne, lorsque les contrats particuliers se transforment en un seul contrat général.

Ces trois formes sociales, rapportées aux individus qui exercent le pouvoir, correspondent en effet aux trois nombres adoptés comme base de leur division. Seulement, au lieu d'être une cause, ces nombres ne sont que le produit des idées.

C'est donc par l'idée que les sociétés se distinguent entre elles, et c'est aussi par l'effet des idées qu'elles changent de forme.

Lorsque, dans la république, on voit apparaître de grandes positions sociales, c'est un indice que les tendances aristocratiques y ont pénétré, et, si elles deviennent prépondérantes, les institutions républicaines se modifieront en conséquence.

Les deux tendances aristocratique et démocratique peuvent exister simultanément dans chaque république, sans pour cela se distinguer nettement l'une de l'autre, ou être indiquées par le nombre de ceux qui exercent l'autorité. Car les institutions sociales peuvent durer longtemps encore, lorsque l'esprit qui les a produites a déjà changé ; mais, à la fin, elles céderont devant le nouvel esprit qui a pénétré dans la société, et se modifieront en conséquence.

La monarchie change d'esprit alors que le droit change de signification. Tant qu'il est interprété dans un sens abstrait ou dans un sens qui en approche, l'autorité conserve une portée très-étendue; mais, à mesure que les idées de liberté prennent du développement, celles du droit perdent de leur puissance, de manière que le droit privé même peut être anéanti, et la communauté des biens introduite.

Il n'y a que peu d'exemples de sociétés où la

communauté des biens ait duré pendant quelque temps; — mais, si elle était amenée par un mouvement progressif des idées, — on pourrait bien, un jour, la voir se constituer même sous l'égide d'un monarque.

Seulement, si l'autorité du monarque se consolidait de manière à lui laisser de la latitude dans la disposition des biens communs, il se trouverait qu'on serait revenu, par un détour, aux rapports de la société patriarcale. Car, à un point de vue général, là aussi les biens sont en commun. S'ils appartiennent de droit au chef, ils servent à l'usage de tous, et chacun en reçoit sa part, selon la répartition qu'en fait le chef.

Les deux genres de propriétés, la propriété individuelle indéterminée et la propriété commune, se rencontreraient ainsi de fait.

Les différents principes dont nous avons indiqué l'existence restent plus ou moins apparents dans les formes sociales qu'ils ont produites au milieu de toutes les modifications que la société subit, aussi longtemps qu'elle conserve son type d'origine.

C'est ainsi que le principe de l'autorité constitue le trait caractéristique de la société patriarcale, militaire ou théocratique; la liberté se développe surtout dans la république. La société féodale aussi conserve l'empreinte spéciale de son origine. Les rapports qui se forment sur la base du contrat manquent de cohésion intime, attendu que, conformément à la nature du contrat, ils restent subordonnés à l'observation des conditions convenues. Ces conditions deviennent d'une telle importance dans la société féodale, qu'on a vu les vassaux se réserver expressément le droit de faire la guerre à leur seigneur, dans le cas où il manquerait à ses engagements.

Cependant les formes sociales ne conservent en réalité que rarement et pour peu de temps la pureté de leurs types primitifs, car elles s'altèrent sous l'influence de circonstances extérieures et de crises intérieures. A mesure que la société admet des éléments étrangers à son organisation primitive, le type originel s'efface pour faire place à un autre : et, selon la mesure où se combinent ces différents éléments, la société se rapproche plus d'une forme sociale que d'une autre. Elle réunira ainsi, en partie, plusieurs formes sociales à la fois, et pourra pencher de préférence tantôt vers l'une, tantôt vers l'autre.

Nous avons fait observer que les trois modalités principales du droit privé se retrouvent dans les trois types du droit public. En effet, la monarchie pure repose sur le prêt, vu que le chef est censé conserver la propriété des objets qu'il livre aux siens; — il les leur prête seulement.

La république pure suppose la cessation du droit. — Le même acte s'accomplit par la donation. Aussi la république pure n'est-elle autre chose que la transformation des biens privés en bien public, par la donation volontaire ou imposée.

La société féodale et celle qui en dérive, la société moderne, ont pour base, la première, un nombre plus ou moins considérable de contrats particuliers, et la seconde un contrat général explicite ou tacite.

Nous avons montré qu'il s'établit dans la famille agrandie, une succession non interrompue de chefs, indéterminée d'abord, mais réglée plus tard par un ordre quelconque.

C'est ainsi qu'il se forme dans la société un noyau solide qui en maintient l'unité, — et auquel aboutissent tous les rapports sociaux.

L'individu placé dans ce centre devient l'objet d'un sentiment tout particulier qu'on nomme le *royalisme*. Il serait aussi difficile d'analyser ce sentiment que tout autre, mais ses effets ne sauraient être méconnus, et il se manifeste surtout dans la société patriarcale avec beaucoup de vivacité, aussi longtemps que l'esprit propre à cette forme sociale se conserve.

La succession régulière des chefs s'établit sur une base différente, selon l'élément qui domine dans chaque société. Dans la société patriarcale, elle repose sur l'hérédité. Mais, aussi longtemps que la sagesse humaine consiste principalement dans l'expérience et le savoir qu'acquiert chaque individu, l'âge représente la plus grande somme de cette sagesse. C'est par cette raison que, dans la société primitive, l'âge des individus appartenant à la famille souveraine est de première considération pour la succession au trône. Plus tard, lorsque les connaissances deviennent d'un accès plus facile, — que la réflexion se forme plus tôt, — et que, d'un autre côté, les inconvénients d'un ordre de succession vague sont devenus évidents, la primogéniture s'introduit.

Elle est reconnue plus facilement comme la qualification essentielle du successeur dans l'État féodal, puisque, les conventions qui forment le trait caractéristique de cette société pouvant être observées par chacun, l'individualité y est de moindre importance qu'un ordre de succession régulier.

Le chef de l'Etat militaire ne peut songer à assurer la souveraineté héréditaire à sa famille, que s'il s'y trouve un individu doué de qualités guerrières, seule condition qui ait de la valeur aux yeux d'une armée. — Autrement l'autorité sera à celui qui saura gagner la troupe.

Celle-ci disposera à volonté du trône dès qu'elle aura acquis le sentiment de sa force. Le choix du souverain est même si conforme à l'esprit de l'État militaire que, si l'on voyait s'y établir la succession par primogéniture, il faudrait en conclure que son type primitif s'efface.

La forme théocratique étant le produit des aspirations de l'homme vers l'Être suprême, l'individu le plus apte à satisfaire à ce besoin de l'âme, celui qui, par l'inspiration et la supériorité de sa raison, dominera les esprits, sera aussi le mieux qualifié pour exercer l'autorité souveraine; et c'est pourquoi un trône électif est le plus conforme à l'esprit de la théocratie.

L'ordre de succession héréditaire ne pouvant avoir lieu dans la république, cette institution y est remplacée par une autre, par la loi fondamentale. Elle consiste dans la règle : comment la corporation souveraine se complète, soit par l'admission de tous les individus majeurs, des pères de famille seuls, soit à d'autres conditions de plus en plus restrictives.

La stabilité de la république, de même que celle de la théocratie, dépend en grande partie de la fixité de la loi fondamentale qui remplace l'hérédité.

L'ordre de succession dans l'État militaire, seul, n'a pas de base constante, puisqu'il repose sur le mérite militaire, difficile à constater. Aussi Alexandre le Grand, en mourant, abandonna-t-il à ses généraux la tâche de décider lequel d'eux était le plus digne de lui succéder ; — problème qu'ils résolurent par le morcellement de sa monarchie.

Il nous reste à ajouter qu'en nous occupant de la république, nous avons suivi ses transformations en monarchie ou en aristocratie, non pas que cette forme sociale seule comporte ces modifications, mais elles s'y accomplissent d'une manière plus visible qu'ailleurs. Toutes les formes sociales, au contraire, sont susceptibles de se modifier de la même manière, et dans chaque société l'autorité peut être exercée par un seul, par plusieurs ou par tous, et rester indivise ou être partagée en plusieurs pouvoirs. La monarchie, l'aristocratie et la démocratie sont cependant chacune animées d'un esprit et de tendances qui leur sont propres ; elles se trouvent chacune dans des conditions d'existence particulières ; mais ces traits de particularité, au lieu d'exclure ceux qui appartiennent aux autres types sociaux, se combinent, au contraire, avec eux, et il en résulte de nouvelles nuances dans les formes sociales.

5° *La société moderne.*

a. — De la lutte des principes dans la société moderne.

Nous avons déjà fait observer qu'il y a deux genres de contrats, qui servent de base à deux formes sociales : l'un a pour objet les intérêts particuliers, — qui, pris ensemble, constituent l'ordre social dans l'état féodal ; l'autre fixe les intérêts généraux, conformément à ce qui se pratique dans la société moderne.

Il nous reste à nous occuper de cette dernière.

L'opposition entre le droit et la liberté est aussi ancienne que la société humaine elle-même, comme le prouve suffisamment le témoignage de l'histoire, qui nous apprend en même temps que cette opposition se manifeste plus vivement à certaines époques qu'à d'autres; et la nôtre est, de toutes, celle où elle s'est produite avec le plus d'intensité, ou du moins sur une plus grande échelle que jamais. La cause en est à la grande extension que le développement de toutes les idées du droit et de la liberté a prise dans la société moderne; car, ce développement s'étant communiqué aux masses d'une manière plus ou moins sensible, elles sont entrées en lice, en compensant par la force de leurs passions ce qui leur manque en intelligence claire de la question débattue.

Cette question a été comprise d'une manière plus ou moins complète; elle a été suivie dans tous ses détails, et une double science s'est constituée à l'appui de l'autorité, comme à celui de la liberté.

Non pas que, d'un côté ou de l'autre, on ait pu nier complétement l'existence du principe contraire, car on s'est convaincu que tous deux ont leur source dans la nature humaine; mais on a cherché à établir la supériorité absolue de l'un relativement à l'autre.

Cependant, comme le degré de cette supériorité varie à l'infini, à compter depuis le moment le plus rapproché de l'équilibre jusqu'à celui qui est le plus proche de l'abstraction pure de l'un des deux principes, il en résulte une grande diversité d'opinions au sein même de chacune des deux grandes divisions politiques. Mais, leur tendance générale étant la même, elles ont les mêmes mots de ralliement : les unes, la liberté; les autres, le droit ou l'autorité, qu'on désigne aussi sous le nom de légitimité [1].

Néanmoins, de même qu'à toutes les époques de l'histoire, de nos jours aussi, le développement intellectuel porte un certain caractère de généralité, qu'on retrouve au milieu même de la lutte des deux éléments sociaux. Il y a ainsi, sur certains points, accord entre les deux opinions opposées. Mais nous nous réservons de consta-

[1] Par le mot *légitimité* on entend le véritable droit en général, et particulièrement le véritable droit de souveraineté. Par droit *légal*, *légalité*, on désigne un droit conforme à la loi. La légitimité signifierait donc le droit conforme à son idée, et la légalité le droit déterminé par la loi. Mais comme dans l'un aussi bien que dans l'autre cas on cherche, ou du moins on est censé chercher la vérité, et que dans les deux cas l'erreur est également possible, ces deux termes indiquent principalement deux points de vue opposés sur dro it, selon qu'on le considère comme issu de l'idée propre au droit, ou principalement déterminé par l'idée de la liberté.

ter ce fait plus loin, et d'établir d'abord la différence qui s'y manifeste.

Nous avons déjà montré qu'aucun des deux éléments sociaux ne peut exclure l'autre d'une manière complète, en sorte que les deux opinions qui représentent ces éléments sont forcées de reconnaître chacune l'existence de l'élément opposé. Mais chacune d'elles n'admet que comme motif secondaire le motif principal de l'autre, et leur hostilité résulte de cette lutte pour la supériorité.

Les partisans de la liberté veulent que celle-ci prédomine dans l'État, et que l'autorité, les droits et les lois, — tout l'ordre social, en un mot, soit déterminé par l'idée de la liberté. Différentes théories scientifiques ont été établies à cet effet.

Dans ces systèmes, la liberté individuelle n'a qu'une portée restreinte, parce qu'elle ne peut se développer que dans la sphère du droit individuel, que la liberté générale ou politique anéantit; en sorte que la liberté individuelle est absorbée par la liberté générale. Il est à observer néanmoins que la liberté individuelle se soumettra avec d'autant moins d'effort à la liberté générale, qu'il y aura conformité de volonté dans la société ; ce que les anciens comprenaient si bien, qu'ils s'efforçaient d'amener cette conformité par l'éducation uniforme des citoyens de la république. Comme cependant l'éducation ne saurait atteindre ce but que d'une manière imparfaite, il y aura toujours de la différence entre les volontés individuelles de la société. Mais cette différence peut être ramenée à l'unité, si les uns imposent leur volonté aux autres. Dans ce cas, on verra paraître la même inégalité qui constitue l'essence de l'autorité, mais sous un autre nom, celui de liberté ou de volonté générale.

Dès lors la lutte change de face ; la liberté elle-même étant devenue autorité, ce sont au fond deux libertés différentes : la liberté générale ou celle de tous, et la liberté individuelle ou celle de chacun, qui se trouvent en opposition, l'une d'elles ayant seulement pris les attributions de l'autorité.

Cette autorité se montre opposée à l'autorité fondée sur le droit, aussi longtemps qu'elle conserve le caractère de son origine démocratique. Elle n'est que l'expression de la volonté du peuple et reste par conséquent aussi mobile et aussi changeante que celle-ci l'est de son essence. — Et tout l'ordre social étant considéré, en théorie du moins, comme un produit de cette volonté, il peut être changé arbitrairement, si telle est la volonté de la majorité véritable ou supposée.

Nous établissons cette distinction à l'égard de la majorité, parce qu'elle peut aussi aisément être vraie que fictive. Dans un pays qui a une étendue considérable, il y a impossibilité physique de connaître la volonté de plusieurs millions d'individus sur chacune des questions compliquées de législation, qui se présentent en plus grand nombre à mesure que la société humaine prend du développement. Cette impossibilité de connaître la volonté de la majorité a donné lieu à la représentation politique; c'est-à-dire le grand nombre, ne pouvant exprimer directement sa volonté, est représenté par un nombre moins considérable. Car dans la société où la souveraineté du peuple est reconnue, la représentation ne peut avoir d'autre signification logique que celle de réduire la masse du peuple à de moindres proportions. Mais, dans ce cas même, la volonté des représentants pourrait être toût autre que celle des représentés, à moins que les premiers n'eussent à suivre des instructions expresses sur une question particulière. La volonté de la majorité se trouve exprimée d'une manière bien plus imparfaite encore, par suite du développement particulier que l'idée de la représentation a pris dans la société moderne.

On l'a vue naître à l'époque où dans la société européenne constituée sur la base féodale les intérêts particuliers avaient pris une tendance plus générale. D'abord c'étaient quelques grands vassaux qui se réunissaient, sur l'invitation expresse du souverain, pour délibérer en commun. — A mesure que les différents états ou conditions sociales acquirent la conscience de la communauté de leurs intérêts et de l'opposition dans laquelle ils se trouvaient avec les intérêts des autres états de la société, on vit se former des rapports particuliers entre les individus de chaque état. Les intérêts des membres d'un état social étant identiques, ils pouvaient en confier le soin sans hésitation à quelques individus pris au milieu d'eux, s'il s'agissait d'accorder les intérêts des différents états à une assemblée commune.

C'est ainsi que, dans la société féodale, on vit admettre par représentation au conseil du souverain, chaque état, à mesure qu'il acquérait de l'importance. Mais dans ces réunions féodales certaines classes seulement de la société étaient représentées, chacune séparément, et cet isolement avait même passé en principe, en sorte que les états contribuaient séparément aux charges du pays. Cependant il est à remarquer qu'au sein de ces classes le principe de la majorité obtenait une valeur de plus en plus exclusive.

De même que l'importance individuelle s'effaçait dans l'état féodal, à mesure que les classes sociales prenaient plus d'extension et de généralité, de même la signification de ces classes a été absorbée, à son tour, par une tendance plus générale encore. Et bientôt la grande diversité d'intérêt local ou de corporation s'est trouvée réduite à une seule distinction, celle de la tendance aristocratique opposée à la tendance démocratique. Mais cette distinction étant elle-même relative, et plus dépendante encore de l'opinion individuelle que de la différence des intérêts, ne se présente plus comme classification exacte en réalité.

La tendance aristocratique se distingue de la tendance démocratique en ce qu'au lieu de prendre le caractère de généralité de cette dernière, elle s'efforce, au contraire, de se particulariser en séparant une classe d'hommes des autres. C'est ainsi que l'esprit aristocratique tend à conserver à une ou plusieurs classes les avantages sociaux dont elles se sont mises en possession, à les augmenter encore, au moyen de priviléges, et à leur assurer une position indépendante dans l'État. Mais si l'aristocratie est trop faible pour se maintenir par sa propre puissance, elle cherchera un appui, soit dans le monarque, soit dans le peuple, selon les circonstances et les dispositions plus ou moins favorables à son égard, de l'un ou de l'autre. La tendance naturelle de l'aristocratie consiste ainsi à se maintenir envers et contre tous : c'est pourquoi elle a sa véritable base dans la société féodale, où les tendances individuelles, comme celles des classes sociales séparées, trouvent une libre carrière.

La tendance démocratique, qui n'est autre que celle de la liberté politique, en devenant plus générale, absorbe de plus en plus la tendance aristocratique, et c'est ainsi que le mouvement politique se simplifie jusqu'à se réduire à l'opposition des deux principes de la liberté et de l'autorité.

L'antagonisme entre l'autorité spirituelle et

l'autorité temporelle, et celui entre la liberté et le droit, ou plus particulièrement sa dernière expression, l'autorité, s'est produit de tout temps. Les hommes cherchaient aussi à s'en rendre compte et à justifier leurs différents points de vue, surtout aux époques où l'esprit des luttes intellectuelles se réveillait.

Dans les temps qui ont précédé les derniers siècles, l'antagonisme entre tous ces principes se manifestait principalement par les faits. — Le point de vue général ou scientifique apparaissait à peine, et il n'y avait que les deux autorités temporelle et spirituelle qui s'appuyaient des théories établies dans l'intérêt de l'une ou de l'autre.

Les partisans d'un des principes en lutte cherchaient surtout à affaiblir la puissance matérielle de leurs adversaires, et leur enlevaient des territoires ou des places fortes.

C'est d'abord en Angleterre que la lutte entre la liberté et l'autorité prit un autre caractère. Le système représentatif moderne y ayant pris de la consistance, les partisans de la liberté cherchèrent à affaiblir l'autorité en la divisant.

Un fait historique qui marque sous ce rapport, est la proposition adressée en 1642 par les chefs de l'opposition, dans le long parlement, au roi Charles Ier. Ils lui proposaient d'en venir à un arrangement, à condition qu'il renonçât au pouvoir militaire et administratif; quant au pouvoir financier, le parlement en avait déjà accaparé une partie considérable. Ainsi, la tendance à diviser l'autorité selon les différentes fonctions dont elle se compose, s'est produite à ce moment, mais sans qu'on s'en rendît compte nettement.

Ce fut Montesquieu qui, le premier, introduisit la clarté dans cette question par sa théorie des trois pouvoirs. — Il n'est pas parvenu à se rendre compte de la véritable raison de cette théorie, qui est celle que deux de ces pouvoirs sont le produit de l'idée de la justice, tandis que le troisième provient de l'idée du droit.

Son attention a été attirée sur cette distinction par les faits qui en sont la conséquence. — Il voyait les effets, mais ne se rendait pas compte de la cause, et néanmoins les effets, étant liés à la cause, l'ont amené au même point.

En France, l'autorité que les parlements avaient acquise dépassait considérablement les attributions originairement judiciaires de ces corporations. En Angleterre, un autre parlement, de composition différente, exerçait une part d'autorité bien plus étendue comme autorité législative. Et Montesquieu, voyant le développement qu'avaient pris ces deux pouvoirs, en a inféré leur indépendance nécessaire de toute autorité supérieure.

L'indépendance du pouvoir judiciaire ne peut affecter que médiocrement l'autorité souveraine, si ce pouvoir se borne à exercer la justice, et ne manifeste pas la tendance d'élargir son activité aux dépens d'autres parties de l'autorité.

On peut en dire autant du pouvoir législatif, s'il n'a d'autre but que la législation proprement dite, tant civile que criminelle, puisque dans ce cas il a une sphère d'activité déterminée et restreinte.

De nos jours, on a presque perdu de vue le pouvoir judiciaire comme moyen d'opposition à l'autorité souveraine, et toutes les tendances libérales se sont portées vers les assemblées législatives.

On leur a prêté une tout autre signification que celle qu'elles doivent avoir, conformément à l'idée de la justice. Au lieu d'avoir uniquement un but de jurisprudence en vue, ainsi que l'indique leur nom, les assemblées législatives ont étendu leur contrôle à différentes branches de l'administration, et particulièrement à celle des finances. On y est arrivé insensiblement à l'aide surtout d'un subterfuge, — en baptisant du nom de loi le simple règlement des dépenses et des recettes de l'État. Les hommes acceptent facilement les apparences pour la réalité, — et comme tout le monde s'est trouvé d'accord à qualifier le règlement des finances de loi, — on trouve naturel que cette loi, comme toute autre, soit rendue par le pouvoir chargé de la législation.

Il faut remarquer, d'ailleurs, qu'on ne s'est servi du subterfuge en question que là où il s'agissait d'introduire des principes politiques qui, déjà, étaient pratiqués en Angleterre et dans quelques autres pays.

En Angleterre, où le pouvoir financier a été, en premier lieu, distingué si ce n'est séparé des autres pouvoirs et attributions de l'autorité, on a procédé plus franchement et soutenu ouvertement que le contrôle des moyens pécuniaires revient à ceux qui les fournissent.

Dans les pays où les assemblées législatives font la loi sur toute question d'intérêt général ou particulier, elles ont acquis la part principale de l'autorité.

Ailleurs, la tendance se manifeste d'arriver au même but à l'aide de théories qui établissent la division des pouvoirs, et accordent au pouvoir législatif une extension qui dépasse celle qui lui est propre.

Dans l'intérêt de ces tendances, de nouvelles idées sur la division de l'autorité sont mises en circulation de temps à autre. Une des plus récentes est celle qui exige que les souverains partagent leur autorité avec les personnes mêmes auxquelles ils en auraient confié l'exercice, ou plutôt à la leur abandonner en vertu de cette maxime que le souverain règne et ne gouverne pas. On conçoit qu'il puisse s'établir une théorie pour distraire de l'autorité suprême le pouvoir législatif et le judiciaire ; car ce sont là des attributions de l'autorité, qui se distinguent d'elle par là, qu'elles sont le produit d'une autre idée. Mais vouloir séparer en parties le même genre d'autorité, celui qu'on nomme le pouvoir exécutif, n'a évidemment d'autre but que celui de l'affaiblir. On a prétendu justifier cette doctrine, aux yeux des partis monarchiques, en alléguant qu'elle est dans l'intérêt du pouvoir suprême, attendu que la responsabilité des ministres le couvre de sa garantie. Mais ce n'est là qu'une fiction, puisqu'au moment du danger le plus grave, alors que l'autorité établie est menacée ouvertement par la révolte, la responsabilité des ministres se montre généralement inefficace; car elle n'a pas de valeur intrinsèque, mais seulement une valeur de circonstance.

On peut être certain que là où cette doctrine est effectivement mise en pratique, l'autorité suprême a été réduite à des proportions très-restreintes. Et les formes les plus obséquieuses de respect extérieur ne sauraient dissimuler la faiblesse du pouvoir souverain là où elle existe réellement.

Quelquefois ces différentes théories se comportent mutuellement; d'autres fois elles veulent se maintenir d'une manière exclusive. En sorte que la théorie, par exemple, qui exigerait la séparation de l'autorité en pouvoir spirituel et en pouvoir temporel, n'admettrait pas l'application des mêmes arguments dont elle fait usage à la division ultérieure de l'autorité temporelle, qu'elle combattra même de son mieux.

C'est ainsi que l'autorité peut être divisée de différentes manières, selon le principe qu'on adopte comme base de la séparation, mais le résultat en sera toujours le même : l'autorité souveraine sera affaiblie par ce partage.

L'autorité ayant été divisée, ses parties pourront recevoir une interprétation ou un sens différent, en sorte que l'une d'elles sera fondée sur le droit, tandis que l'autre deviendra l'expression de la volonté du peuple. Mais l'homogénéité sera rétablie si l'autorité change tout entière de signification, ou si la partie qui en a été détachée revient à sa véritable signification.

Cependant il est dans la nature des choses que l'autorité qui se voit attaquée ainsi dans son essence même se montre hostile au principe qui est la cause du mouvement qui la menace. Ce principe opposé à l'autorité est celui de la liberté. Mais la liberté est de nature différente, et la liberté individuelle ne dépasse pas les limites du droit individuel. L'autorité légitime repose sur cette même base, et il lui importe ainsi de veiller à ce que la base de sa propre existence reste intacte. Dans ce sens, la tendance de l'autorité et celle de la liberté individuelle sont identiques. Mais, d'un autre côté, elles se montrent opposées par la tendance de la liberté à maintenir l'indépendance de l'individu dans l'intérieur d'une sphère particulière, et à repousser l'autorité qui tenterait d'y pénétrer. Cependant cette résistance est moindre que la résistance que le principe de la liberté individuelle oppose à la liberté générale. Celle-ci s'efforce de l'absorber elle-même en s'attaquant à sa base, le droit individuel, tandis que ce danger ne saurait la menacer du côté de l'autorité légitime, forcée de respecter dans le droit la source de sa propre existence.

Il s'ensuit que non-seulement la liberté individuelle peut être tolérée par l'autorité légitime, mais encore qu'elle y trouve un appui certain contre la liberté générale ou démocratique. Si néanmoins on voyait, dans la réalité, l'autorité légitime se montrer hostile à la liberté individuelle, la cause en serait uniquement à ce qu'on ne distingue pas suffisamment les différents genres de liberté, en sorte que l'autorité est portée à supposer une tendance hostile, au même degré, à toute manifestation de la liberté.

On voit, d'un autre côté, des théories démocratiques, surtout si elles ne sont pas trop prononcées, admettre la liberté individuelle. Cette concession faite à la nature humaine est contraire à la logique de l'opinion extrême, qui veut la liberté générale au milieu d'un droit général, puisque, dans ce cas, ni la liberté ni le droit individuel ne devraient trouver de place dans la société.

b. — De l'unité des principes dans la société moderne.

Nous avons déjà montré que la liberté générale ou démocratique produit l'autorité démocratique; c'est ainsi que, de ce côté, ces deux principes s'identifient, de même que, de l'autre côté, l'autorité légitime s'identifie également avec la liberté individuelle. En sorte que, si l'autorité et la liberté sont opposées, à certains égards, on les voit tomber d'accord sous d'autres rapports.

Nous sommes arrivés ainsi au point où les deux principes sociaux de la liberté et de l'autorité s'identifient par leur essence même, qui n'est autre que la volonté intelligente de l'homme. Elles ne sont que des manifestations différentes du même principe, mais elles en viennent à l'opposition par leurs tendances. C'est pourquoi, au milieu même de leur antagonisme, on les voit produire des effets identiques, à toutes les époques historiques qui marquent le développement de l'esprit humain.

A mesure que l'homme porte son investigation sur les différents objets qui l'intéressent, il s'efforce aussi de pénétrer la nature des rapports sociaux. Ceux-ci n'ont que la même source spirituelle, l'intelligence humaine, mais ils montrent une double face dès qu'on arrive à leur élément matériel, ainsi qu'on a pu l'observer dans le cours de tout cet ouvrage. Chacune de ces faces peut servir de base à un système scientifique complet, puisqu'il embrasse tous les rapports sociaux, — mais qui reste abstrait aussi longtemps qu'il y est fait abstraction de l'autre côté.

Nous avons trouvé un milieu où les principes sociaux se balancent réciproquement.

C'est le moment où le principe inférieur, prenant à son tour du développement, contrebalance le principe opposé, avant de le dépasser. — Ce moment, d'ailleurs, n'apparaît que dans le cas où le développement du principe inférieur se fait d'une manière lentement progressive, ce qui n'arrive plus lorsque le passage d'un principe à l'autre est subit et marqué par une commotion violente.

Ce moment peut obtenir de la durée si la tendance à le fixer se manifeste. Cette tendance existe dans la société moderne, puisqu'en pratique on s'y éloigne des théories extrêmes, pour se maintenir dans un certain milieu, où les principes contraires se comportent mutuellement.

C'est ainsi que la pratique se place, dans la société moderne, en contradiction avec les théories scientifiques extrêmes, dans l'un ou l'autre sens, au risque même de déroger à la logique. Mais il suit de ce que nous avons dit sur la conciliation des extrêmes, que cette inconséquence de la pratique politique n'est qu'apparente, et qu'elle résulte de la conscience que l'homme possède de la liaison intime des principes sociaux, malgré l'opposition qui se produit entre eux, et que les différents systèmes scientifiques ont fait ressortir d'une manière plus tranchée encore. Car, en attribuant, soit à l'un, soit à l'autre, une valeur absolue, selon le point de vue de chaque système, on les a éloignés encore plus l'un de l'autre.

Mais la mesure relative que la pratique moderne applique à la liberté et à l'autorité ne se rapporte qu'à la totalité de cette dernière; en sorte que ce sont, d'un côté, les différentes parties du gouvernement constitutionnel, prises dans leur ensemble, et l'autorité indivise, de l'autre côté, dont le rapport avec la liberté est, de nos jours, apprécié d'une manière assez uniforme.

Les deux systèmes, dont l'un représente principalement l'idée du droit, — l'autre celle de la liberté, doivent se rapprocher et se rencontrer enfin sur un point intermédiaire, à mesure que chacun d'eux admet, dans une plus grande proportion, le principe qui lui est contraire. En effet, ils sont d'accord sur ce point, que la liberté et les droits individuels doivent être subordonnés aux nécessités publiques. Ce qui signifie que l'ensemble des individus et des droits dont se compose la société domine l'existence particulière des individus et des droits. En sorte que plus l'existence générale a d'exigences, plus les existences individuelles s'en ressentent. Cette nécessité sociale figure, dans les théories scientifiques, sous le nom de but social, et se nomme en langage habituel *bien* ou *intérêt public*. Semblable à ces impôts mobiles qui s'élèvent ou s'abaissent conformément à certaines éventualités, mais toujours d'après une règle générale, le but social aussi se modifie sur une espèce d'échelle mobile. Le degré d'élévation où le *but social*, autrement dit l'*intérêt public*, est placé, donne la mesure de la force coercitive qu'on lui reconnaît par rapport aux droits et aux intérêts particuliers.

Il s'est établi sur ces questions, dans les pays

qui font partie de la civilisation moderne, une manière de voir générale qui domine les divergences d'opinion relativement aux détails.

Dans tous ces pays on est à peu près d'accord sur la mesure des restrictions et des charges que l'autorité peut imposer à l'individu dans l'intérêt public; seulement, d'un côté, c'est à l'autorité indivise, et, de l'autre côté, à l'autorité se composant de trois pouvoirs, que ce droit est attribué.

Cette opinion générale, dans son ensemble, accuse un mouvement progressif, dans ce sens que le droit général acquiert une prépondérance de plus en plus marquée sur le droit individuel, en sorte que ce dernier tend à prendre le caractère de droit général ou démocratique.

C'est ainsi que de nos jours on voit s'établir la doctrine que les charges publiques doivent principalement peser sur les classes riches de la société : d'où est résulté l'impôt proportionnel aux fortunes. Cette doctrine est de date récente, et cependant, à en juger par les progrès qu'elle a faits, il est aisé de voir qu'elle tend à prendre une grande extension. Appliquée d'une manière plus décidée et dans de plus grandes proportions, ce qui pourrait arriver dans un prochain avenir, elle mènera à la limitation des fortunes. Ces limites pourront se resserrer par degrés, de manière à soumettre toutes les fortunes à un certain niveau. Il s'ensuit que ce système est le meilleur moyen pour arriver, si ce n'est à l'égalité des fortunes, au moins à un état de choses qui en approche. Le progrès dans les idées, sur la subordination du droit individuel au droit général, peut être reconnu à de certains indices, et notamment lorsque des mesures touchant le droit privé, comme, par exemple, le droit d'expropriation et l'impôt proportionnel, auxquelles d'abord on a eu recours par exception, passent en usage. — Elles se présentent, au commencement, comme des expédients amenés par l'urgence des circonstances, et finissent par être acceptées généralement comme des maximes d'État incontestables. Ce sont autant d'étapes dans ce mouvement. Et qu'on ne s'y méprenne pas : des questions en apparence de signification uniquement matérielle, et étrangères aux questions de principes politiques, ont, au contraire, une très-grande portée au point de vue des principes. — Il suffit, pour s'en convaincre, de se rappeler que la monarchie pure et la république pure n'ont d'autre origine, la première que le droit individuel indéterminé, et la seconde que le droit général. Par l'effet des idées de liberté le droit individuel indéterminé se transforme en droit déterminé ou privé, et à mesure que la propriété particulière est soumise à des restrictions dans un intérêt général, elle change de caractère et prend celui de la propriété publique, et c'est ainsi que, par une marche lente mais régulièrement progressive, on sera arrivé, presque sans s'en douter, en pleine république.

Ainsi donc le système qui représente le droit individuel et le système du droit général se rencontrent dans leur appréciation des nécessités sociales. Le système démocratique y arrive, parce que l'existence générale est la seule qui ait de la valeur pour lui, comme représentant, sous un autre point de vue, la volonté de la majorité, laquelle est libre de déterminer les conditions de l'existence individuelle et le degré de son indépendance. — Le système de la légitimité en vient au même point, si l'on renonce à maintenir l'interprétation rigoureuse du droit, et si l'on reconnaît que les existences individuelles doivent être subordonnées à l'existence générale de l'État.

Les existences individuelles étant, comme

nous venons de le dire, subordonnées au but social dans la société moderne, on en a inféré que toute société ne se constitue que pour remplir cet objet. — Le contenu de cet ouvrage prouverait, au contraire, que la société est le résultat des conditions où l'homme se trouve placé, et qu'elle varie selon que ces conditions se modifient. D'abord, l'homme n'a pas la conscience du principe rationnel qui détermine ses actes. Dominé par ses besoins matériels, il n'a d'autre but que de les satisfaire et y procède d'une manière presque instinctive. Ensuite on le voit s'élever au-dessus de cette humble position, et acquérir la conscience de sa propre signification et celle de ses tendances. Ce n'est qu'alors qu'il est à même d'apprécier la nature des rapports sociaux, de les comprendre dans leur ensemble, et de leur imprimer un caractère ou une direction conforme à ses propres intentions. Subordonné ainsi aux rapports sociaux, en premier lieu, l'homme n'est à même de les comprendre et de les dominer par l'intelligence, que lorsqu'il arrive à un état de développement plus avancé.

Mais au milieu même de cet accord de la société moderne sur la mesure relative de l'existence générale et de l'existence individuelle, la divergence de ses principes constitutifs se manifeste de nouveau. Car, dès qu'il s'agit d'apprécier les exigences de l'État, l'opposition des opinions se manifeste sur la manière d'y procéder. C'est ainsi que les uns réclament la faculté d'apprécier les besoins de l'État en faveur de l'autorité, — et que les autres ne l'accordent qu'à cette fraction de l'autorité qui représente la volonté du peuple.

La scission des principes politiques constitue ainsi le caractère distinctif de la société moderne, puisqu'elle se manifeste au moment même où ces principes viennent à se rencontrer.

CHAPITRE VI.

LA NATIONALITÉ.

Nous avons démontré, par l'analyse des idées du droit et de la liberté, que lorsqu'elles ne trouvent pas de repos dans un équilibre parfait, équilibre qui ne peut s'établir que momentanément, la prépondérance de l'une arrête l'autre dans ses développements. Et comme les formes sociales sont le produit de leur combinaison, elles seraient toutes pénibles à endurer, puisqu'elles compriment, en tout cas, l'une des facultés dont l'homme est doué, si un troisième élément social ne tempérait les effets de cet antagonisme inévitable.

Cet élément, qui épanche ainsi sa bienfaisante influence sur les rapports sociaux et y réconcilie les hommes, est de nature compliquée.

Nous avons indiqué, dans la famille simple, l'existence de liens qui ont leur source dans le sentiment. Mais il y a différence entre les liens du sentiment liant l'enfant à ses parents et ceux qui l'attachent à ses frères et à ses sœurs. Dans la famille agrandie, cette différence devient plus grande aussi. Il y a plus d'affection pour le père et plus de respect pour l'aïeul. A mesure que la famille s'accroît, à mesure que le nombre des degrés de parenté augmente, dans la même proportion aussi diminue la force des liens du sang entre ces parents éloignés. Les hommes ne sympathisent entre eux que par les liens du sentiment personnel ou par différents points de contact où ils s'unissent, et entre proches et parents il y a plus de ces rapports qu'avec des étrangers.

Cet ordre naturel peut cependant être interverti, par suite de circonstances ou de rapprochements particuliers; en sorte que l'homme s'attachera plus intimement à un étranger qu'à ses parents les plus proches. C'est ainsi que les liens qui unissent le disciple au maître, les liens qui s'établissent entre les hommes, par suite de quelque bienfait signalé, dépassent souvent en intensité les liens les plus forts de la parenté.

Mais ces rapprochements entre étrangers ne sont qu'accidentels ou personnels et d'une portée limitée; et il existe une cause d'union pour la société humaine plus générale dans ses effets : c'est celle qui résulte de cette combinaison d'identité d'origine et de langage, de caractère et de dispositions naturelles qu'on nomme nationalité. Combinaison qui n'est qu'une conséquence de celle de l'esprit avec la matière dans l'homme, et qui ne saurait ainsi être expliquée d'une manière satisfaisante que si la nature humaine l'était elle-même [1]. Cet élément de nationalité où

[1] « Es kommt bei allen irdischen und menschlichen Dingen auf Ort und Zeit, so wie bei den verschiedenen Nationen auf ihren Charakter an, ohne welchen sie nichts vermögen. Wunderbare, seltsame Sache überhaupt ist's um das was genetischer Geist und Charakter eines Volkes heisst. Es ist unerklärlich und

se rencontrent les sympathies des individus de la même société, tempère en grand, de même que les liens de famille et autres mitigent en petit, ce qu'il y a d'âpre dans les rapports réciproques des hommes. La nationalité devient ainsi une cause efficace d'unité sociale, et les individus qui subissent son influence se nomment dans leur ensemble une nation.

Les tendances nationales, comme tout ce qui touche aux sentiments et aux passions des hommes, se manifestent d'une manière inégale; tantôt elles se produisent avec force, tantôt elles semblent assoupies; mais, tenant à un ensemble plus grand, elles prennent des proportions plus considérables et ont plus de durée que les sentiments de l'individu. Une longue suite d'années, des siècles se passent sans que la nationalité arrive à l'état de conscience. Différentes causes peuvent amener le réveil d'une nationalité; et si elle

unauslöschlich, so alt wie die Nation, so alt wie das Land, das sie bewohnt. » (*Ideen zur Philosophie der Geschichte der Menschheit*, v. HERDER, t. III, S. 53.)

« Die wichtigsten Fragen der Bildungsgeschichte der Menschheit, knüpfen sich an die Ideen von Abstammung, Gemeinschaft der Sprache, Unwandelbarkeit in einer ursprünglichen Richtung des Geistes und des Gemüthes. » (*Cosmos* d'ALEXANDRE DE HUMBOLDT, vol. I, p. 379.)

se trouve en relations suivies et intimes avec d'autres nations, comme de nos jours en Europe, l'effet moral qui s'est produit dans l'une d'elles agira sur les autres.—Celles-ci réagiront les unes sur les autres, et de cette action et réaction réciproques de différentes unités nationales naîtra un mouvement général dont l'intensité augmentera de plus en plus, si les mêmes causes continuent à l'exciter.

Il se peut que, pendant ces siècles où l'esprit des nationalités s'est trouvé à l'état de léthargie, on en ait méconnu l'existence, et disposé des parties constituant la même nation, comme d'objets sans lien entre eux. Des transactions, des traités placés sous la garantie du droit des gens, auront accompli le partage de la nation, et en auront placé des parties sous la souveraineté de nationalités étrangères.

Mais, à un moment donné, l'esprit de la nation se réveillant, elle se sentira privée de son existence propre, et fera des efforts pour rompre les obstacles qui tiennent ses parties disjointes. Alors la lutte s'engagera entre un principe intellectuel tendant à se réaliser et les transactions des hommes.

Il s'ensuit que la question des nationalités tant

débattue de nos jours est faussée dès qu'on la déplace et l'assimile à la question de la souveraineté populaire.

Les masses populaires — souveraines au point de vue démocratique — peuvent se mettre en mouvement pour s'emparer du pouvoir suprême, ou par quelque autre motif d'intérêt spécial, mais ce mouvement ne représente que le jeu du principe de la force qui réside dans les grandes masses se dirigeant vers quelque but rationnel ou supposé tel.

La nationalité a une cause différente pour mobile : c'est un principe qui, lié à tout ce qu'il y a de plus intime dans l'homme, tend à se réaliser dans les conditions spéciales que la nature lui a faites.

Car la nation ne saurait être considérée comme une agglomération d'individus, réunis par des liens uniquement extérieurs et mécaniques. C'est un ensemble d'individus entre lesquels existe un lien où l'on distingue deux éléments, l'un spirituel, — l'esprit national, — et l'autre matériel, la masse des individus dont se compose la nation. Leur organisation, leurs dispositions naturelles, même leur conformation extérieure, présentent certains traits d'analogie, qui les distinguent des individus faisant partie d'une autre nationalité.

Le principe intellectuel dans l'homme est essentiellement général, c'est-à-dire qu'il est par son essence le même dans tout individu, mais s'y particularise aussitôt; l'esprit national tient le milieu entre ces deux côtés; il est le produit d'une combinaison entre la généralité et la particularité propres à la nature humaine. La généralité subit dans cette combinaison des restrictions, vu que les nations se distinguent entre elles par des différences, qui sont autant de limitations de la généralité commune à tout le genre humain. Et les particularités propres à l'individu se généralisent dans cette combinaison qui constitue la nationalité, parce que les individus appartenant à la même nation perdent quelque chose de leur organisation spéciale en prenant ces traits généraux qui sont propres à chaque nation, et les distinguent les unes des autres.

L'esprit national, fixé dans les corps des individus, les attire les uns vers les autres par l'attraction qu'exerce cet élément qui leur est commun à tous, et les distingue, d'une part, de la généralité où tous les hommes se rencontrent, et, d'autre part, de la particularité propre aux individus d'une autre nation.

S'il n'y a pas d'entrave au libre développement de l'esprit national, il présente tous les traits caractéristiques de l'existence individuelle. La nation prendra des formes sociales particulières, elle aura une histoire, une législation, des arts, des sciences, une industrie à caractère spécial, mais portant l'empreinte de la même origine, de la même tendance générale.

La nationalité n'est donc pas le produit d'une seule idée, mais d'une certaine modification que subissent toutes les idées, toutes les facultés humaines par suite d'influences morales et intellectuelles, locales et physiques, se combinant dans des proportions déterminées. — Ces proportions sont uniformes dans leurs conditions essentielles, mais sont susceptibles de se modifier dans les détails. Car l'esprit national ne se montre pas invariablement le même, et se modifie à certains égards sous l'influence de nouvelles idées ou de nouveaux effets extérieurs.

La nationalité se développe dans le sens des différentes directions que prend l'activité humaine, d'une manière généralement constante, mais non immuable comme celle qui est propre aux créations organiques. Celles-ci croissent conformément au mouvement inhérent au principe vital; les autres se développent selon le mouvement dialectique des idées. Mais ce mouvement, en subissant différentes influences, est susceptible de dévier de sa direction primitive.

Ce n'est donc pas un principe de vie, mais un mouvement dialectique plus ou moins particularisé, qui donne ces produits de l'activité humaine où l'on reconnaît le caractère spécial d'une nationalité.

Il s'ensuit qu'on ne saurait confondre les aspirations d'une nation qui demande à vivre de son existence spéciale, avec les mouvements des masses populaires, provoqués par des motifs tout différents, soit qu'il s'agisse d'une lutte pour le pouvoir, soit d'une lutte pour tout autre objet en vue.

L'une et l'autre tendance peuvent mettre en mouvement les mêmes forces, suivre les mêmes voies, et néanmoins elles se distinguent radicalement par leur cause première.

Lorsque la nation cherche à se dégager des liens qui lui ont été imposés en vertu du droit des gens, elle s'attaquera à ce droit, qui se trouvera ainsi mis en cause.

Et cependant le droit des gens, en réglant les rapports des États entre eux, a une raison d'être aussi bien que la nationalité. Nous nous trouvons donc encore une fois en présence d'une de ces contradictions qui se sont produites à différentes reprises dans le cours de cet ouvrage.

En cherchant à s'expliquer cette nouvelle contradiction, on trouve qu'elle provient de ce que, parmi les conditions faites à la nature humaine, quelques-unes ont été méconnues. Et lorsque celles qui constituent la nationalité se manifestent et tendent à se réaliser, elles se trouvent contenues par des liens que le droit des gens a sanctionnés. La nation s'efforcera alors de secouer ces chaînes, et, au moment de cette lutte pour l'existence nationale, ne tiendra guère compte des règles établies par le droit des gens.

Nous montrerons, au chapitre suivant, que, de toutes les modalités du droit, celle qu'on nomme le droit des gens tient le moins de la nature du droit, vu qu'il repose en grande partie sur un principe essentiellement opposé au droit, sur celui de la force. A ce point de vue, le droit des gens ne participe que dans une mesure restreinte de la nature élevée du droit.

Il ne faut pas d'ailleurs méconnaître la véritable

signification du droit. C'est une des manifestations de l'intelligence de l'homme, celle qui règle ses rapports avec son semblable conformément à la raison, et y introduit l'ordre et la stabilité. Le droit a, par conséquent, une extrême importance pour l'homme, sous le rapport de sa sécurité et de son bien-être terrestre. Mais ce n'est toujours qu'une des conditions de l'existence humaine, et il y a d'autres rapports entre les hommes, et surtout entre l'homme et l'Être suprême, qui sont d'une nature plus élevée que le droit. D'ailleurs, comme nous l'avons fait voir, le droit est d'une nature très-compliquée, et quelques-unes de ses parties constituent la base même des rapports sociaux, tandis que d'autres ne concernent que des détails de la vie privée, et se perdent dans l'insignifiance. C'est pourquoi le droit n'a de valeur absolue que par son idée, mais en passant à l'existence réelle, se compose de valeurs relatives, qu'il s'agit de distinguer les unes des autres.

En ce qui concerne le droit des gens, il y a une différence encore plus essentielle, à savoir, si le cas dont il s'agit repose effectivement sur le droit, ou s'il n'a d'autre base que le principe de la force, distinction que nous établirons dans le chapitre suivant, consacré à l'étude du droit des gens.

Nous avons déjà fait observer que, lorsque le droit ou la liberté prennent un développement abstrait, on est amené à des conséquences extrêmes.

Alors l'équilibre entre eux se rompt, et ne peut se rétablir que par le retour à une combinaison mieux proportionnée.

L'opposition entre l'esprit de nationalité et le droit des gens a également son origine dans des abstractions, où la réalité des choses a été perdue de vue, et l'équilibre entre eux se rétablira lorsque la trop grande extension que ce droit a prise dans un sens abstrait aura été ramenée à la réalité. Dans le cas spécial dont il s'agit, ce retour signifie que le droit des gens ne s'étendra plus à des transactions, où il serait fait abstraction de l'existence propre aux nations. La domination d'une nationalité par rapport à une autre sera maintenue si la puissance individuelle de l'État est suffisante, mais les autres États ne seront plus solidaires de cet état de possession en vertu du droit des gens. C'est là une maxime qui déjà gagne du terrain, sous le nom de principe de *non-intervention*.

Ramené à la réalité, le droit des gens gagnera en précision ce qu'il aura perdu en vague étendue.

La nation, ayant une circonscription indiquée par la conformité de langage, de mœurs, de dispositions naturelles, se distingue d'une autre circonscription qu'on nomme État ou peuple, dont l'unité tout extérieure n'est que le résultat d'événements historiques. Les liens de l'affinité spirituelle qui unissent tous les membres de la nation n'existent que d'une manière incomplète dans l'État. Ils y sont remplacés par la communauté des intérêts, par les souvenirs de l'histoire, par l'attachement à de certaines formes sociales, ou à la personne du souverain; mais, au lieu de l'unité intime qui existe dans la nation, il n'y a dans l'État qu'une unité extérieure.

L'État et la nation peuvent être identiques lorsque l'État est compris dans une circonscription qui constitue en même temps les limites de la nation. Mais celle-ci peut être fractionnée et appartenir à différents États indépendants, et l'État, d'un autre côté, peut se composer de différentes nations. Dans les Etats où la même nationalité prédomine, il y aura une tendance à se rapprocher, soit par alliance, soit par un lien fédéral. Mais comme cette forme politique ne peut que difficilement atteindre à l'unité d'action propre à l'État indivis, il se pourra qu'il se manifeste dans la nation la tendance à se constituer plus fortement. Cette tendance est différente du mouvement national proprement dit. Ce dernier consiste dans la réaction d'une nationalité contre une autre; le premier est tout différent, et se dirige contre les formes sociales, qui ont amené la séparation d'une nation en plusieurs sociétés indépendantes. Ainsi, dans chacune de ces parties, le mouvement se portera contre l'autorité et toutes les institutions, qui sont cause du morcellement de la nation. Mais comme un pareil partage ne porte pas atteinte à la nationalité, la tendance à l'unité doit être cherchée dans d'autres motifs que ceux qui viennent de l'esprit national; tels que la rivalité avec d'autres nations, le besoin de sécurité et autres.

Généralement, la conformation extérieure des États n'a pas correspondu, jusqu'à présent, à l'étendue de territoire qu'occupent les différentes nationalités, et on ne voit que peu de nations constituées conformément à leurs véritables limites naturelles. Il y a cependant cette différence que quelquefois le noyau de l'État se compose d'une nation suffisamment forte pour dominer les parties hétérogènes, qu'elle s'assimile alors progressivement, tandis que parfois le noyau de la nation dominante est faible comparativement aux autres nations qui font partie de l'État.

Autant la première de ces combinaisons est une cause de puissance et de sécurité pour l'État, autant la seconde lui est défavorable, si l'esprit des nationalités vient à se réveiller. Nous vivons à une époque où cet esprit se manifeste avec plus de puissance que jamais. Partout on voit les nations se replier sur elles-mêmes, rechercher les conditions de leur existence spéciale, et repousser les éléments étrangers avec une vivacité qui indique l'apparition d'une nouvelle face dans le développement de l'esprit humain.

Il n'y a guère d'époque dans l'histoire où l'un des côtés de l'intelligence humaine ne se soit produit d'une manière saillante. C'étaient tantôt un culte spécial de l'Être suprême, tantôt des guerres, des entreprises lointaines [1], l'esprit d'industrie ou certaines formes sociales qui, tour à

[1] In den heroischen Zeiten der portugiesischen und castilianischen Volksstämme führte nicht Golddurst allein (wie man aus Unkunde des damaligen Volkslebens behauptet), sondern allgemeine Aufregung zu den Wagnissen ferner Reisen. (HUMBOLDT, *Cosmos*, vol. II.)

tour, devenaient pour les hommes le but suprême de leurs aspirations. Chaque époque porte la trace de l'esprit dominant du temps.

L'époque où nous vivons sera marquée dans l'histoire du signe des nationalités revenant à l'existence.

Les tendances nationales en elles-mêmes ne sont nullement nouvelles; seulement, par un enchaînement de faits, par un mouvement dialectique dans les idées, dont la liaison intime et multiple n'est guère appréciable, le côté de l'intelligence qui touche aux aspirations nationales a acquis maintenant un développement qu'il n'avait pas jusqu'ici.

Lorsqu'une tendance nouvelle se fait jour, elle cherche à écarter les obstacles qui la contiennent. C'est pourquoi l'esprit national s'est mis en lutte avec le droit des gens. Néanmoins il ne tend pas à le détruire comme tel, mais à annuler les effets du développement excessif qu'a pris l'une des faces de ce droit.

En effet, pendant des siècles, le droit des gens s'est développé sans obstacle dans un sens abstrait. On ne prenait pas en considération l'existence réelle des corps politiques auxquels il était appliqué, parce que pendant tout ce temps les hommes n'avaient qu'imparfaitement la conscience de leur nationalité. Mais une fois que ce sentiment s'est réveillé, il en est résulté une lutte entre l'état de choses créé par le passé et les aspirations du présent.

La politique de notre temps ne rencontrera pas de plus grande difficulté que la solution de ce problème.

Les rapports sociaux ne restent pas limités aux membres de la même société; il s'en forme aussi avec des individus appartenant à une autre société, surtout à mesure que les relations entre les différents peuples deviennent fréquentes. Il s'établit alors, entre eux, de certaines règles sur la manière de traiter les étrangers, qu'on assimile de plus en plus aux indigènes, à mesure que les idées de la justice acquièrent de l'extension.

Entre individus tout à fait étrangers les uns aux autres, il ne reste plus qu'un seul rapport, la qualité d'homme, qui leur est commune. Ce rapport-là n'est plus du domaine de la science du droit, mais de celui de la morale, et surtout de la religion.

C'est ainsi que la religion et la morale complètent ce qu'il y a d'insuffisant dans les rapports sociaux établis sur la base du droit, et comblent les lacunes qu'ils laissent.

La morale tend vers ce but en réveillant des sentiments de bienveillance, et la religion en faisant naître un sentiment plus puissant encore, — l'amour du prochain. — Elles étouffent ainsi, dans le germe, les sentiments hostiles, qui se produisent facilement, là où il n'existe aucun rapport de droit entre les hommes.

C'est ainsi que l'amour du prochain est le lien du sentiment le plus général parmi les hommes. La nationalité embrasse un cercle plus étroit, et ne comprend, originairement du moins, que les individus soumis aux mêmes influences physiques et morales. Les liens de famille enfin ne s'étendent qu'à ceux avec qui on se trouve dans les rapports les plus intimes.

Cette source vive du sentiment, où l'esprit et la matière sont en fusion, découle de la nature intime de l'homme, et s'épanche sur ses rapports avec la société dans laquelle il se trouve, en identifiant ainsi les individus à la totalité.

La société en général existe avant l'individu; plus tard, les hommes qui la composent peuvent se séparer et former, à leur tour, de nouvelles réunions. — Mais quoiqu'il dépende de leur volonté de former une réunion, ils n'en peuvent déterminer que les rapports rationnels, et non ceux qui sont fondés sur le sentiment, qui est un produit de la nature et non de la raison humaine. — Cependant des rapports sociaux uniquement rationnels peuvent se transformer en rapports de sentiment, si le principe vivifiant de la confiance et de l'affection venait à les animer. Comme production de la nature, chaque société est un tout complet en lui-même, qui ne saurait être apprécié par comparaison avec des sociétés dont l'existence se lie à d'autres conditions [1].

[1] « Was auf der höchsten Stufe der Entwickelung oder Blüthe eines Pflanzen-Thier-Menschen oder Völker-Individuums schön oder hässlich sei, ist nur subjectiv-menschliches Gefühl, menschlich beschränkte Ansicht. » (*Die Systeme der praktischen Politik im Abendlande*, v. H. Vollgraff, t. I, S. 16.) « Indem wir die Einheit des Menschengeschlechts behaupten, widerstreben wir auch jeder unerfreulichen Annahme von höheren und niederen Menschenracen. Es giebt bildsamere, höher gebildete, durch geistige Cultur veredelte, aber keine edleren Volkstämme. » (*Cosmos* d'Alexandre de Humboldt, vol. I, p. 385.)

CHAPITRE VII.

LE DROIT DES GENS.

Nous avons fait observer que, lorsque le droit reste restreint à des cas qui ne concernent qu'un ou plusieurs individus, il se nomme *droit privé ou civil*, et *droit public*, lorsqu'il s'agit de cas qui se rapportent à la société comme totalité.

Cependant cette distinction ne repose pas plus que les autres sur une différence essentielle; car si le droit privé conserve le caractère de la particularité parce qu'il ne concerne qu'un certain nombre de rapports entre les individus ou entre ceux-ci et l'État, il est simultanément général dans ce sens que tous les membres de la société peuvent être placés dans les mêmes conditions de droit. C'est une règle également valable pour tous, et par conséquent le droit privé aussi se rapporte, éventuellement au moins, à la totalité de la société.

D'un autre côté, le droit public est le produit de l'ensemble des cas particuliers qui forment le droit privé. Car le droit public se constitue conformément aux idées qui règnent dans une société sur le droit privé. . . . . .

Il s'ensuit qu'il y a entre eux la plus intime corrélation, et qu'ils ne se distinguent l'un de l'autre que par la mesure de leur extension, qui varie selon les circonstances. C'est ainsi, par exemple, qu'on a vu, dans la famille primitive, l'autorité se constituer sur la base du droit individuel. A mesure que la société s'agrandit, le droit privé du chef prend de l'extension et devient droit public. Dans la grande société, le droit du père de famille ne peut plus se développer aussi librement que dans la petite société indépendante, et reste à l'état de droit privé. Ainsi le même droit, selon les circonstances, se présente tantôt comme privé, tantôt comme public. . . .

L'un et l'autre genre de droit ont la même législation pour base, et restent principalement dans les limites de la même société ; néanmoins, à cet égard encore, il n'y a pas de règle absolue à établir, car l'État peut se trouver aussi bien en rapport de droit privé que de droit public avec les membres ou la totalité d'une autre société. Il y aura ainsi deux centres de législation différents en contact, ce qui peut compliquer les questions judiciaires par celle de savoir à quel for elles ressortissent.

Il s'ensuit que le droit public a plus d'étendue que le droit privé, puisque le premier se rapporte au tout, et le second à une partie de la société; mais on arrive à un degré d'étendue encore plus élevé lorsqu'il s'agit de rapports entre les sociétés indépendantes; ces rapports, dans leur ensemble, constituent le *droit des gens*. Ces gradations d'ailleurs n'ont d'autre signification, comme on voit, que celle d'indiquer la mesure de l'extension des rapports sociaux.

Mais le droit ne change pas de nature par l'extension matérielle que prend, soit son objet, soit son sujet. C'est-à-dire que l'idée ou la cause du droit, — et ses différentes modalités, ou les effets de cette cause, — ne changent pas, selon que l'objet auquel le droit se rapporte soit matériellement plus ou moins considérable, ou selon le sexe, la position sociale et les autres conditions des individus auxquels il appartient.

Dans les sociétés indépendantes on aperçoit un côté qui leur est commun à toutes. Chacune d'elles forme un ensemble de droits publics et privés, renfermé dans un cercle dont toute autorité étrangère est exclue. Toutes les sociétés indépendantes sont de la sorte revêtues des attributions de la souveraineté; ce sont autant d'unités de droits posées les unes à côté des autres, d'une égale valeur, puisque aucune d'elles n'est subordonnée aux autres. Nous avons vu que l'équité, prenant pour point de départ l'égalité des hommes, sert de règle dans tous les cas où cette égalité est supposée; or, comme, au point de vue du droit, les États indépendants sont des individualités collectives de valeur égale, c'est par l'équité que doivent être réglés tous leurs rapports mutuels, toutes les fois qu'il ne s'agit pas de droits positifs.

Donc, le droit des gens ne diffère pas des autres modalités du droit, aussi longtemps que les États restent d'accord ou s'entendent à l'amiable sur leurs contestations. Mais en cas de désaccord irréconciliable, le droit des gens se montre sous un nouvel aspect; il prend alors le caractère spécial qui lui est propre.

Les différends entre individus peuvent être décidés conformément à la justice, telle qu'elle est représentée par les lois de chaque pays. Mais comme les sociétés diffèrent entre elles dans la manière d'interpréter la justice, c'est-à-dire qu'elles ont des législations différentes, il suit de là qu'il ne saurait y avoir de règle générale de justice pour les conflits entre des sociétés indépendantes.

Il résulte de l'idée de la justice, comme nous l'avons montré, que son observation n'est pas facultative, mais est obligatoire, et effectivement un pouvoir spécial, le pouvoir judiciaire, n'a d'autre objet que celui de faire observer la justice dans chaque société, mais ne saurait s'étendre à la société étrangère, qui a une justice autrement interprétée.

Il n'existe, par conséquent, pas de règle générale de justice valable pour tous les États indépendants ; mais là où la justice est impuissante à exclure des rapports sociaux le principe de la force, il les domine, et c'est ainsi qu'il se pose comme dernier arbitre des différends entre les États indépendants.

Revêtu ainsi d'attributions qui remplacent celles du juge, le principe de la force subit une transformation apparente. On lui a donné un nom qui, par les siècles d'usage, a pris une autre signification que celle de la force. D'héroïques faits d'armes et des actes de sublime dévouement ont jeté sur le mot de *guerre* un éclat qui fait illusion. Mais les artifices mis en usage ne peuvent que déguiser et non changer la nature de la guerre, qui reste toujours un appel à la force.

La guerre ayant été reconnue comme arbitre des conflits entre les sociétés indépendantes, l'appel à sa décision a été revêtu de formes spéciales. Une déclaration solennelle doit la précéder et en démontrer la nécessité, en sorte que les deux parties sont censées être convaincues de la bonté de leur cause [1]. Mais le droit des gens n'établit pas de différence entre une guerre juste et une guerre injuste, et ne saurait le faire, puisque les parties belligérantes sont seules juges dans toute question de droit qui les concerne. Le droit des gens ne peut avoir d'autre objet que celui de soumettre la guerre à certaines règles qui lui imposent autant de restrictions.

Tout être organisé tient à sa conservation par

[1] « Bella ut recta sint non minori religione exercenda quam judicia exerceri solent. » (Hugonis Grotii, *De jure belli ac pacis Prolegomena*. XV.)

« Speciali et ad rem ipsam relata acceptione bellum utrumque justum esse non potest, ut nec lis; quia facultas moralis ad contraria, puta ad agendum et ad impediendum non datur per rei ipsius naturam. At vero, ut neuter bellantium injuste agat fieri sane potest. Injuste enim agit nemo, nisi qui et scit se rem injustam agere : multi autem id nesciunt. Sic juste, id est bona fide, litigari potest utrinque. » (Hugo Grotius, *loc. cit.*, p. 604.)

un sentiment instinctif qui le porte à se défendre contre l'atteinte d'une force hostile. Le même sentiment attache l'homme aux objets qui assurent son existence ou la rendent plus agréable. La violence faite à son droit le révolte, et il repousse de toute sa puissance la force par la force. La certitude de rencontrer en lui de la résistance constitue déjà une première garantie du droit.

Dans la famille primitive, on voit souvent la même cause produire la coutume de la vindicte privée ou de la vengeance de son sang. Cette coutume doit son origine tant au sentiment naturel de la vengeance, qu'à la circonstance que la famille primitive ne saurait mieux garder son existence que par la solidarité la plus complète de tous ses membres, de manière que la mort de l'un d'eux doive nécessairement être vengée par son plus proche parent. Elle devient ainsi la sauvegarde de la famille réduite à ses propres forces. Plus tard, lorsque la famille trouve de la sécurité dans les institutions sociales, la vindicte privée doit disparaître comme moyen de défense extrême, mais l'habitude et des idées d'honneur qui s'y rattachent peuvent en prolonger la durée.

On trouve ainsi, dans la grande comme dans

la petite société indépendante, la force, comme garantie de leur existence et comme dernier moyen de solution pour une question de droit douteuse ou contestée.

En restant dans ces bornes, la force se présente dans des conditions en apparence équitables, supposé qu'elles soient reconnues valables pour tous les États. Mais les États ne sont égaux que sous le rapport de leur indépendance, et sont, en grande partie, inégaux en ce qui concerne la mesure de leur puissance relative. En sorte qu'en établissant la même règle quant à l'emploi de cette puissance, au lieu de poser un principe conforme à l'équité, on sanctionnerait l'abus de la force, dans le cas même où les bornes ci-dessus indiquées pourraient être précisées d'un commun accord entre tous les États indépendants.

Cependant, à mesure que les sociétés se développent dans un sens intellectuel, et par conséquent contraire à l'usage de la force physique, la guerre est assujettie à des conditions de plus en plus restrictives. Ces restrictions constituent précisément la partie la plus essentielle du droit des gens, celle qui constate, avec le plus d'évidence, le progrès dans la prépondérance qu'acquiert le principe intellectuel sur le principe matériel de la force.

L'opinion générale a successivement condamné les actes de cruauté, puis ceux d'un abus de force, et c'est ainsi que, par degrés, on est arrivé à restreindre dans de certaines limites les violences auxquelles les hommes se portent lorsqu'ils sont animés de l'esprit de destruction, et cherchent à se faire les uns aux autres le plus de mal possible. Le pillage général, le sac d'une ville, répugnent déjà à l'esprit de notre temps. C'est un progrès, mais il en reste beaucoup à faire pour que la guerre soit réduite aux strictes proportions d'une lutte entre les autorités seules, et que les hommes qui n'y prennent pas part directement, que les femmes et les enfants, ainsi que les propriétés privées, soient mis à l'abri des violences de l'ennemi d'une manière plus efficace que jusqu'à présent.

De tout temps des esprits éminents ont exprimé le vœu que la guerre ne soit plus tolérée, mais les conditions d'existence où l'homme se trouve placé ne permettent pas d'espérer que ce vœu se réalise un jour.

Il n'est pas donné à l'homme d'atteindre à la perfection, de quelque nature qu'elle soit. Or un état de choses où l'on ne verrait plus se produire les passions et la force, et où tout se réglerait conformément aux principes de la justice, serait la perfection sociale.

Mais s'il n'est pas possible d'atteindre complétement ce but, on peut chercher à en approcher, comme déjà nous l'avons fait observer relativement à d'autres questions sociales, celle, par exemple, de la justice ou de la mesure relative du droit et de la liberté. Vainement on voudrait supprimer la guerre, mais on peut la limiter, la restreindre dans ses effets, et surtout dans ses excès, à l'aide de règles du droit des gens de plus en plus rigoureuses. Plus il y aura de maximes généralement reconnues à cet égard, et plus la guerre se trouvera resserrée, car à mesure que la force est soumise à une règle quelconque, elle perd quelque chose de sa nature brutale.

Tous les progrès accomplis dans ce sens doivent être considérés comme autant de conquêtes de l'esprit sur la matière, et c'est ainsi que l'ont compris les hommes les plus avancés dans le développement intellectuel. De nos jours, il y en a qui favorisent cette tendance, non-seulement de leurs vœux, mais qui cherchent à imprimer à l'opinion publique un mouvement général dans ce sens.

Ils devraient trouver de l'appui, surtout de la part de tous les États qui ne sont pas du premier rang; ces États ont un intérêt bien grand à ce que l'emploi de la force soit limité, puisqu'ils se rapprochent d'autant de la position des États plus puissants qu'eux.

Un service public spécial, la diplomatie, est, par la nature de ses fonctions, appelé à offrir un appui officiel aux tendances contraires à la guerre. Car la diplomatie a pour objet d'éloigner les causes de conflits entre les États et de trouver la solution de ceux qui ont éclaté. De nos jours la diplomatie joue un rôle plus important que jamais, précisément par la raison qu'on n'en vient pas aux mains aussi facilement qu'autrefois, ce qui rend d'autant plus ardue la tâche de résoudre les difficultés.

On a de tout temps compris ou du moins instinctivement senti la grande importance des légats, des parlementaires et des autres fonctionnaires, représentant les tendances pacifiques ou leur servant d'intermédiaires. Leurs personnes ont été placées sous la sauvegarde des peuples et revêtues de l'inviolabilité. Ce dernier principe est, de tous ceux établis par le droit des gens, le plus général et le plus ancien, puisqu'il a été constamment admis par tous les peuples de la terre, à toutes les époques de leur existence et à tous les degrés de leur développement moral. Bien des peuples n'ont connu du droit des gens que cette seule règle. Ils ont tous senti que méconnaître l'inviolabilité de personnes qui, au milieu du choc des forces matérielles, représentent le principe de la spiritualité, serait porter atteinte à ce principe même, le plus élevé dans l'homme. D'ailleurs, lorsqu'un peuple place l'honneur et la sécurité de son représentant sous la sauvegarde d'un autre peuple, il y aurait absence de toute courtoisie ou même de simple convenance à ne pas répondre à cette attente.

Aussi une infraction à cette règle, soit par la violence matérielle, soit par l'insulte morale, a-t-elle été de tout temps considérée comme une offense faite à tous les peuples, et devant par cette raison provoquer les représailles et l'hostilité de la part de tous les hommes qui veulent que le principe de la force soit contenu.

Nous avons indiqué plus haut qu'il peut s'établir entre les États des rapports qui n'ont pas d'autre base que celle qu'ont les transactions de droit entre les individus. Ces relations ont leur origine dans l'intérêt mutuel des États à utiliser en commun les ressources qu'offrent le commerce, la pêche, l'industrie, des institutions publiques, telles que la poste, les voies de communication ou autres. Les transactions qui s'ensuivent ne sont qu'une extension de la convention privée à des intérêts d'une plus grande importance. Par cette raison, on a cherché à rendre les conventions ou traités publics aussi solennels que possible, et à leur donner une forme spéciale, adoptée par tous les peuples civilisés, et revêtue de la sanction de l'autorité la plus élevée de l'État. Des formes solennelles ne changent rien à la nature de ces actes publics, qui conservent le caractère du droit en général, et servent seulement à en mieux constater l'existence.

Mais nous avons vu que le droit des gens admet la force comme un de ses éléments, et il y a des conventions publiques qui proviennent de l'usage qui a été fait de ce principe. Ce sont les conventions ou traités qui terminent la guerre et en résument les résultats. En effet, le succès d'une des parties belligérantes, ou leur épuisement réciproque, amène la paix, qui est nécessairement déterminée par ces circonstances. Le traité de paix devient ainsi la consécration solennelle de la force victorieuse, et constate les changements que les rapports de puissance entre les États belligérants ont subis en conséquence de la guerre.

Nous croyons avoir suffisamment établi qu'au point de vue du droit, la force est une simple manifestation physique, l'exercice d'un droit aussi longtemps qu'elle ne dépasse pas les limites de ce dernier. Mais dès qu'on l'érige en principe indépendant, elle se place aussitôt en opposition avec le droit. Or ici nous voyons ce principe hostile au droit assimilé à ce dernier, deux éléments qui s'excluent réciproquement, confondus de la manière la plus solennelle que les hommes aient su inventer. De toutes les contradictions logiques que nous avons rencontrées dans les rapports sociaux et mises en évidence, c'est celle qui, certes, est la plus frappante et la plus hardie. Et cependant, depuis que les sociétés humaines existent, elle a été constamment acceptée; bien plus, il est impossible de l'éviter, ce qui prouve, une fois de plus, l'imperfection des choses humaines.

Ce genre de conventions se distingue donc essentiellement de l'autre, et représente le côté spécial du droit des gens, par lequel celui-ci diffère du droit en général. Par ce côté, le droit des gens, au lieu de repousser le principe de la force, d'après la tendance générale du droit, lui reconnaît la valeur d'un principe abstrait ; c'est-à-dire l'admet, non plus seulement comme le simple exercice du droit, et par conséquent comme un élément inhérent à ce dernier, mais comme un principe ayant une valeur propre. Le droit des gens accepte donc, par nécessité, la force comme principe, mais la soumet aussitôt à des règles qui lui imposent des restrictions.

Et cependant, malgré la nature hétérogène des deux genres de conventions que nous venons d'indiquer, on les confond constamment et on n'établit même aucune distinction entre elles.

Ce fait s'explique en partie par la circonstance qu'effectivement les deux genres de conventions dont il s'agit changent réciproquement d'objet. Il arrive que les conventions du droit des gens qui tiennent au droit, celles par exemple qui se rapportent à des intérêts de commerce, sont imposées par la force. Et d'un autre côté, quoique généralement l'origine des conventions, par rapport à la puissance des États, doive être cherchée dans la guerre, cependant elles ont aussi leur source dans le droit, puisque l'État peut s'agrandir dans les voies du droit privé, par l'héritage, par le mariage du souverain, par la cession, l'achat, etc.

Un autre fait contribue à confondre les conventions publiques, basées sur le droit, avec celles basées sur la force; c'est l'usage de revêtir des formes du libre consentement les conventions imposées par la force. Car telle est l'importance que les hommes y attachent, comme garantie de l'existence sociale, que la partie belligérante même qui a succombé préfère conserver l'apparence du libre consentement à l'aveu de son infériorité.

Mais quoique, à un point de vue élevé, on doive reconnaître l'insuffisance des conventions internationales basées sur la force, ou plutôt, à cause même de leur défectuosité, tous les États sont intéressés à les voir observées rigoureusement, car autrement la force se trouverait dégagée du dernier frein qui la contient. La raison se trouvant impuissante à exclure des rapports sociaux le principe de la force, il ne reste plus rien à faire qu'à chercher à le contenir dans les plus étroites limites.

D'ailleurs, tout en rejetant la force comme principe social rationnel, tout en reconnaissant l'imperfection des conventions qui découlent de cette source, tous les États sont intéressés à les faire respecter, non-seulement par égard pour les rapports internationaux, mais encore à cause des rapports intérieurs dans chaque État. Car, du moins ainsi, la force se présente comme subjuguée, comme soumise à une règle généralement acceptée, tandis que si l'on admettait avec cynisme la force sans contrôle, comme arbitre des rapports internationaux, toutes les relations sociales s'en ressentiraient, et bientôt partout dans la société humaine la force l'emporterait sur le droit.

L'humanité entière est donc intéressée à ce que le droit des gens prenne un développement de plus en plus considérable dans le sens rationnel, et que, par son intermédiaire, l'élément de la force soit réduit aux plus étroites proportions.

C'est pourquoi il s'agit, avant tout, d'arriver à l'intelligence du droit des gens, afin d'en reconnaître le côté fort et le côté faible. A ce point de vue, contrairement à l'appréciation matérielle, le côté basé sur le droit est logiquement fort, puisqu'il est conforme aux exigences de la raison, et le côté du droit des gens basé sur la force est faible devant la raison, puisqu'il repose sur une contradiction logique. Car le droit exclut la force, et néanmoins, dans les conventions du droit des gens basées sur la force, celle-ci est assimilée au droit.

On a prétendu que le droit des gens est le plus élevé des droits; mais c'est là une assertion dont l'erreur provient de ce que la grandeur matérielle est prise pour la grandeur morale. Les États indépendants sont effectivement la plus grande société humaine; les rapports entre eux ont, par conséquent, les plus grandes dimensions, mais ce ne sont là que des dimensions matérielles, et il s'agit de savoir si elles conservent la même supériorité de valeur au jugement de la raison. Or, parmi ces rapports, il y en a qui sont basés sur le droit, mais d'autres, et ce sont précisément les plus considérables par leurs dimensions, ont, en général, la force pour origine.

Ce n'est donc que partiellement que le droit des gens découle de l'idée du droit, et participe de la nature élevée de ce dernier; par un autre côté, il s'identifie à la force, et n'est par conséquent appréciable qu'à un point de vue matériel.

Mais comme les luttes entre États amènent

de grandes calamités et imposent de grands sacrifices à la société, qu'elles frappent de malheur un grand nombre d'individus, la sagesse et l'humanité font un devoir de respecter des conventions qui mettent fin à ces perturbations. C'est pourquoi le maintien de ce genre de conventions doit être considéré comme une nécessité sociale de premier ordre.

Nous croyons avoir expliqué la nature compliquée du droit des gens, en faisant voir le point de contact où se combinent les deux éléments du droit et de la force dont il se compose, ainsi que le caractère particulier de chacun de ces éléments. C'est là un point de vue pour apprécier le droit des gens dans son ensemble. Sa substance se compose en partie de stipulations positives entre les États, ou d'usages qu'ils ont adoptés dans leurs relations, et en partie de maximes successivement introduites par la science, et sanctionnées par l'approbation générale des hommes. Mais l'étude de ces détails et des règles générales qu'on en déduit ne saurait entrer dans le cadre de cet ouvrage.

Nous nous bornerons seulement à indiquer un point de vue général pour toute question de droit des gens. Ce droit, n'ayant d'autre objet que celui de limiter, de plus en plus, l'usage de la force physique, c'est en partant de ce principe que doivent être jugés les cas douteux. En sorte que s'il s'agit d'un acte de violence, par rapport auquel se présentent plusieurs interprétations de la même règle, ou plusieurs règles contradictoires, on acceptera, comme décisive, l'interprétation qui tendra à restreindre l'usage abusif de la force; — car c'est celle qui se rapprochera le plus de l'idée de la justice, et, par conséquent, de la tendance rationnelle du droit des gens.

CHAPITRE VIII.

LA DIALECTIQUE DU SYSTÈME.

La suite observée dans l'exposé d'une science constitue sa méthode. Celle de cet ouvrage doit être appelée la méthode dialectique, puisqu'elle repose sur le mouvement des idées, que nous avons indiqué, à plusieurs reprises, sous le nom de mouvement dialectique.

L'étude de ce mouvement et des produits qu'il donne constitue tout le contenu de cet ouvrage, en sorte que la méthode s'y lie intimement au contenu, ou n'en est que la conséquence.

Lorsque l'intelligence se meut vers l'objet et arrive au but sans dévier, elle accomplit le mouvement propre à chaque idée, et qui est précisément le mouvement dialectique.

Mais avant d'arriver au but, l'idée peut dévier ou s'égarer même, en subissant des influences étrangères.

Le mouvement dialectique est donc le mouvement de l'idée qui s'est conservée dans sa pureté. Il mène au plus prochain but de l'idée, et, de conséquence en conséquence, à toutes les phases qu'elle est susceptible de parcourir, à toutes les créations qu'elle peut produire. Mais, pour le suivre, il faut en avoir la conscience, et c'est précisément cette conscience qui ne se forme que lentement, et pour ainsi dire à tâtonnements.

Rien n'empêche que l'individu n'arrive à lui seul à la parfaite intelligence des idées, — mais en réalité cette œuvre ne semble devoir s'accomplir que par un grand nombre de générations. — L'histoire est là pour constater que les idées ne se développent que par un mouvement lent et progressif.

Réfléchissant à l'aide des mêmes organes, qui fonctionnent de même, les hommes arrivent aux mêmes conclusions, soit collectivement, soit individuellement. Si les prémisses sont justes, ils sont dans le vrai, si elles sont fausses, — leurs conclusions aussi portent à faux, — mais dans l'un et l'autre cas, elles pourront être également logiques.

Ainsi, les idées de droit et de liberté ont existé de tous temps et ont toujours déterminé les actions des hommes et la formation des rapports sociaux, mais n'étaient entrevues que confusément.

Il en résultait des institutions sociales tendant à réaliser ces idées, mais elles s'en éloignaient. Des expériences réitérées, l'évidence des erreurs commises, faisaient entrer dans d'autres voies. Celles-ci pouvaient, à leur tour, conduire au but ou en éloigner davantage. Ce n'est donc que par des essais successifs et prolongés que les hommes apprennent à connaître la véritable signification des idées.

Le mouvement de l'idée reste instinctif, aussi longtemps qu'il ne revient pas au centre intellectuel dont il est parti. C'est par ce mouvement de retour, — la réflexion, — que l'homme acquiert la conscience de ses idées, et se distingue le plus des autres créatures, qui ne sont douées que d'idées instinctives.

C'est ainsi que l'idée devient le trait d'union entre l'esprit et la matière, et tient de l'un et de l'autre. Dans son mouvement même, il y a un côté mécanique ou extérieur, et un côté spirituel, qui ne devient apparent que par son côté extérieur.

Ce mouvement, ainsi composé, met en rapport l'intelligence du sujet avec l'objet, et lie un principe spirituel à l'élément matériel. L'idée n'existe que lorsqu'elle se réalise, et elle ne peut se réaliser que par la combinaison de l'esprit avec quelque élément matériel, les objets du monde réel, la parole ou quelque signe qui la représente.

L'origine des idées ne doit donc pas être cherchée dans une cause unique, soit dans l'esprit, soit dans la matière, pris séparément. Ce sont là des abstractions auxquelles on arrive par l'analyse d'une idée, lorsqu'on distingue entre son côté spirituel et son côté matériel.

Prenons, par exemple, l'idée du droit. — Elle ne se réalise que lorsque l'homme a fixé sa volonté sur l'objet, acte dont il se rend compte par la réflexion; mais celle-ci n'opère qu'à l'aide de mots ou d'autres signes apparents, c'est-à-dire matériels. — L'idée du droit n'existerait donc pas si l'homme ne s'appropriait pas les objets, et il n'aurait pas de notion précise de cet acte, s'il ne s'en rendait compte par la réflexion, et celle-ci, enfin, ne pourrait être exercée si les mots lui manquaient. Car les opérations de l'esprit ne peuvent pas s'accomplir sans l'intermédiaire de l'élément matériel, et les aspirations de l'âme restent dans le vague aussi longtemps qu'elles n'ont pas été fixées par les mots.

Il y en a néanmoins qui peuvent être exprimées par d'autres moyens que la parole, et notamment par les signes plastiques ou par les tons de la musique.

Dans les créations des arts plastiques, ces aspirations ou mouvements indéterminés de l'âme n'apparaissent qu'à un moment donné. Le mouvement y est fixé, — et le problème à résoudre consiste précisément à indiquer la portée du mouvement pris à l'état d'immobilité.

Parmi les facultés dont l'homme est doué, il y en a une qui a un mouvement analogue à celui des idées, c'est la faculté musicale. Elle réalise des effets au moyen de l'accord, comme l'idée le fait par l'intermédiaire des mots. Mais les accords et les mots se décomposent, les premiers en tons, les seconds en lettres. Les tons sont fixés, tout comme les lettres, par le son ou par des signes de convention, les notes.

Ainsi, les tons représentent les lettres, les accords, les mots; les mots mis en rapport, c'est-à-dire les pensées, correspondent à la phrase musicale, l'harmonie représente la logique des idées, car, de même que celle-ci, elle indique la règle du mouvement extérieur. Enfin, l'idée musicale se manifeste par la mélodie, ses différents développements et ses combinaisons, comme l'idée intellectuelle se manifeste par les différents produits qui en sont la réalisation.

Il y a donc correspondance, en tous points, entre l'idée intellectuelle, son mouvement dialectique, et les moyens par lesquels elle se réalise, et l'idée musicale, sous tous ces rapports.

Il serait aussi inutile de vouloir remonter à l'origine des premiers accords ou des premières phrases musicales, qu'à celle des premiers mots ou pensées. Les uns et les autres contiennent des notions, mais la musique, au lieu de notions intellectuelles, ne contient que des notions qui ont leur source dans les sentiments et dans des aspirations restées à l'état indéterminé. Elles donnent de l'expression à tout ce vague de l'âme, qui ne s'est pas réalisé par l'idée intellectuelle.

Les idées musicales sont donc des mouvements spirituels restés à l'état vague, qui trouvent leur expression dans une autre faculté humaine.

Les notions, tant intellectuelles que musicales, se lient entre elles par le mouvement des idées qui s'en emparent, et sont alors susceptibles de prendre un développement aussi étendu que le comporte la sphère de leur activité.

La faculté musicale peut être exercée indépendamment de la faculté intellectuelle, c'est-à-dire que l'homme peut exercer ses facultés musicales séparément des fonctions de l'intelligence. Ces dernières restent suspendues pendant ce temps, ou opèrent sans que l'homme en ait la conscience. Il en est de même pendant le sommeil, au moment d'éprouver des sensations ou des impressions très-vives, et dans d'autres circonstances.

Les deux facultés peuvent aussi être exercées simultanément, et enfin la musique devient un objet pour la réflexion, lorsqu'on médite sur son origine, sur la combinaison entre les tons, et celle entre le côté spirituel et le côté matériel de l'idée musicale.

Nous nous en tiendrons à la simple indication du rapport qui existe entre les facultés mentales, selon que la parole ou d'autres procédés leur servent de moyen pour se manifester, attendu que de plus amples développements seraient étrangers à notre sujet.

Une fois que le point de départ du mouvement dialectique d'une idée a été trouvé, il s'agit seulement de suivre ce mouvement, conformément aux règles de la logique, et alors on le verra passer par les différentes phases qu'il est susceptible de produire.

L'idée, dès qu'elle apparaît, indique l'objet vers lequel elle se dirige, puisqu'elle ne se constitue qu'en conséquence de ce mouvement vers l'objet. Néanmoins, à ce premier moment, elle ne se montre pas distinctement. On reconnaît le terme vers lequel elle tend, mais non la marche qu'elle suit pour y arriver. Rapide comme l'éclair, cette première apparition de l'idée ne laisse pas à la réflexion le temps nécessaire pour en apprécier la portée.

Et c'est pourquoi les idées passent généralement inaperçues, ou sont devinées instinctivement seulement, au lieu d'être comprises par la réflexion. Elles n'arrivent à la conscience de l'homme que par exception, soit comme résultat de ses méditations, soit, — comme c'est plus communément le cas, — par suite de circonstances fortuites, qui attirent son attention.

Mais une fois l'idée fixée et soumise à l'analyse, on y distingue deux côtés, — qui montrent réciproquement de l'affinité et de la répulsion : une direction déterminée, et la corrélation avec d'autres idées.

Hegel a eu l'inappréciable mérite de s'être rendu compte du mouvement dialectique des idées. Dans la principale œuvre de son génie, la *Phénoménologie de l'esprit humain*, il a fait accomplir aux idées leurs évolutions, et montré successivement chacun de leurs côtés. Mais Hegel n'est pas arrivé à l'entière conscience de sa découverte, parce qu'il n'a pas reconnu que l'un de ces côtés doit nécessairement tenir à l'esprit, et l'autre à la matière; — c'est-à-dire que les idées sont le trait d'union entre ces deux principes.

D'ailleurs, il n'a rencontré qu'un mouvement dialectique partiel, — car il y a une différence à trouver la liaison entre quelques-uns de ses effets, ou à découvrir son point de départ, et à le suivre jusqu'au terme des évolutions qu'il est susceptible d'accomplir. Si l'on a trouvé la liaison entre les produits de quelque idée, on peut être certain qu'on a rencontré son mouvement dialectique. Mais il ne s'ensuit pas qu'on l'ait reconnu dans toute son étendue.

D'un autre côté, dans le cas où l'on aurait effectivement rencontré le mouvement de l'idée, la moindre erreur de logique, la moindre inadvertance, feraient dévier; mais on rentre dans la voie en se guidant par le but que l'idée signale dès son apparition.

Il y a des idées principales et d'autres secondaires; celles-ci ne paraissent qu'au moment où l'idée principale entre dans une nouvelle phase.

Du reste, c'est là une distinction qui n'est que relative.

L'idée de la justice est une idée secondaire par rapport à l'idée du droit, puisqu'elle est le produit d'une de ses phases; mais elle est une idée principale par rapport à l'idée de l'équité et à celle que nous avons nommée la justice matérielle, puisque chacune de ces idées dérivées ne représente que l'un des côtés de l'idée de la justice.

La substance de chaque science se compose principalement d'une seule idée mère avec ses dérivées; mais leur corrélation avec les idées voisines doit être indiquée, quand ce ne serait que pour les distinguer les unes des autres.

C'est ainsi que la philosophie du droit a principalement pour objet les produits que donne l'idée du droit, qui n'existe pas autrement que combinée avec l'idée de la liberté. Elles se présentent comme les deux côtés de la même faculté, de la volonté humaine.

Le mouvement de la volonté vers l'objet, en s'accomplissant, constitue des actes, des manifestations, donne des produits, c'est-à-dire réalise différents faits où l'on peut toujours distinguer un côté par lequel elle tient à l'idée du droit, et un autre par lequel elle tient à l'idée de la liberté.

Il n'existe pas de fait produit par la volonté intelligente, qui ne puisse être ramené à ces deux principes, pris séparément ou ensemble. En effet, tout fait de ce genre se rapporte au droit, soit parce qu'il n'est que l'exercice d'un droit, soit parce qu'il porte atteinte au droit d'autrui ; il est en même temps déterminé, d'une manière plus ou moins sensible, par l'idée de la liberté.

Mais ces faits ont encore une autre signification que celle relative au droit ou à la liberté; ils ont une valeur spéciale aux différents points de vue de la morale, de la religion, de l'intelligence, de la science ou de l'art.

Ainsi, l'action par laquelle la peinture ou la sculpture est exercée a une valeur au point de vue de l'art, en ce qui concerne le degré de sa perfection, et en même temps elle a une valeur au point de vue du droit, à savoir si, par cette action, il n'y a pas eu d'infraction à quelque obligation, ou si la matière première, la pierre, la couleur que l'artiste transforme, lui appartient.

Lorsqu'on ne prend qu'un des côtés de l'idée, l'une de ses modalités, ce n'est que forcément qu'on pourra l'étendre à tous les cas auxquels l'idée complète est susceptible d'être appliquée. On n'a devant soi qu'une abstraction dont la corrélation avec la totalité de l'idée doit être trouvée, pour que la valeur relative de cette idée partielle puisse être reconnue.

Pour expliquer ce que nous venons de dire, nous prendrons comme exemple l'idée de l'équité. Elle n'est qu'un des côtés de la justice, ce côté où le principe spirituel de l'égale valeur de tous les hommes est seul pris en considération; appliquée aux rapports sociaux, l'équité reste dans sa corrélation avec l'idée de la justice, aussi longtemps qu'elle est prise dans la mesure de sa véritable signification, c'est-à-dire alors que, vu l'absence de droits positifs, l'égalité matérielle des hommes peut être admise. Mais dès qu'on veut étendre l'équité à tous les rapports sociaux, elle change de caractère, puisque ce n'est que forcément que l'égalité des hommes peut être maintenue, comme nous l'avons montré dans le paragraphe de la synthèse de la justice. Faisant partie de l'idée de la justice, l'équité a la même tendance à exclure la force des rapports sociaux; mais, prise séparément et en dehors de sa liaison avec l'ensemble des idées de droit, elle passe à un autre mode d'existence et se transforme elle-même en principe de force.

Et c'est ainsi qu'une idée, juste à sa place et dans ses véritables limites, devient non-seulement fausse, mais passe au pôle opposé dès qu'elle reçoit une extension forcée.

Ainsi les idées ont des limites. Elles en ont entre elles et dans le développement qu'elles sont susceptibles d'atteindre. Le mouvement des idées, ne pouvant se manifester que par l'intermédiaire de l'élément matériel, et se dirigeant vers un but qui présente quelque côté appréciable ou matériel, s'arrête là où l'une de ces deux conditions vient à manquer. C'est le cas lorsqu'il s'agit du principe spirituel, pris séparément, en dehors de toute corrélation avec la matière, car alors il n'y a pas d'objet vers lequel l'idée puisse se diriger.

Nous avons déjà fait voir que certaines aspirations, inhérentes au principe spirituel dont l'homme est doué, se réalisent par les tons musicaux. D'autres aspirations cherchent la réalité dans les visions de l'extase, soit religieuse, soit magnétique; mais elles échappent à l'appréciation rationnelle, parce qu'elles ne sont pas de son domaine. Elles ne présentent pas d'objet déterminé, dont l'homme puisse se rendre compte par la réflexion. La parole ne saurait en donner une idée, de même qu'elle ne saurait donner une idée des tons de la musique. En sorte que les visions de l'extase ne peuvent être comprises que par ceux qui sont doués des mêmes dispositions mentales.

Ainsi les idées ont des limites posées par la nature des choses, mais ces limites sont mobiles et susceptibles de s'étendre. Il serait en effet impossible de vouloir préciser l'extension qu'une idée peut acquérir, soit à cause de la corrélation où elle se trouve avec d'autres idées, soit parce que le mouvement qui lui est propre peut recevoir un nouveau développement, en passant à d'autres phases d'existence.

Le prochain progrès intellectuel consistera à découvrir le mouvement propre à chaque idée; les sciences alors n'auront pas d'autre but. Nous avons entrepris cette tâche en ce qui concerne l'idée du droit, et si on nous accorde que nous l'avons accomplie, la route serait indiquée pour arriver au même résultat dans les autres sciences.

Jusqu'à présent, les sciences mathématiques seules ont progressé dans la vraie voie. Ce qui constitue leur supériorité, relativement aux autres sciences, c'est que précisément on a découvert le veritable mouvement des idées par rapport aux objets dont s'occupent ces sciences, les *quantités*. On y a distingué deux côtés : — l'un, signifiant la diversité, la particularité, représenté par le nombre, et l'autre côté, qui signifie la continuité, l'unité, — représenté par les lignes de toute configuration. Les idées propres à ces deux côtés ont été prises et développées isolément ; mais elles ne se sont jamais entièrement séparées les unes des autres et ne sauraient le faire, attendu qu'elles sont aussi indissolublement unies que le sont, dans la science du droit, les idées du droit et de la liberté. La ligne persiste au milieu du mouvement des nombres, leurs différents rapports la représentent; et les lignes comprennent les nombres, soit déjà connus, soit s'y trouvant à l'état latent; car, sans nombres, les propriétés des lignes ne paraîtraient pas, elles resteraient uniformes et privées de diversité.

Ainsi les idées se rapportant aux lignes et aux nombres se sont développées, selon le mouvement qui leur est propre, conformément aux règles de la logique, attendu que les théorèmes mathématiques ne sont qu'autant de thèses et de conclusions logiques. Mais l'impulsion à ce mouvement vient uniquement de l'idée.

C'est successivement tel ou tel autre homme de génie qui apercevait dans les mathématiques un côté par lequel elles étaient susceptibles de prendre un nouveau développement, et, l'essor une fois imprimé à l'idée, elle progressait encore. Comme la démonstration qui résulte des calculs mathématiques est d'une évidence irrécusable, des savants allemands ont cru qu'ils pouvaient servir de moyen pour arriver à la vérité dans toutes les sciences, et notamment dans la métaphysique, et ils en ont fait la tentative.

Mais c'est méconnaître leur portée. Les mathématiques n'ont d'autre objet que la *quantité*. Dans tout objet réalisé, il y a, en effet, un côté par lequel il touche à la quantité, par quelque rapport avec les nombres et les lignes. Mais tout objet tient aussi à d'autres principes, à d'autres éléments, qui restent en dehors de la quantité et ne sont plus à la portée des mathématiques.

D'autres philosophes allemands, et notamment Hegel, jaloux de la supériorité acquise aux mathématiques, ont cherché à les rabaisser, à les saper par la base. Hegel a voulu démontrer l'insuffisance de cette base. La géométrie, fait-il observer, commence par le point, qui lui sert pour constituer la ligne sur laquelle elle établit sa base. La ligne n'est qu'un point continué, un grand nombre de points qui se suivent. Or, le point mathématique n'ayant pas de dimension, la ligne ne saurait en avoir, et ainsi tombe la science qui a pour objet les dimensions de la ligne. Mais cette objection n'est pas sérieuse.

Le point représente le commencement de la ligne et celui de toutes les parties dont elle se compose. C'est l'élément de séparation dans l'unité de la ligne. Elle en marque l'origine et la sépare de ce qui précède ; elle marque aussi les différences inhérentes aux lignes, que les nombres spécifient. Le point ne serait pas sans la ligne, à laquelle il se rapporte ; de même que la ligne ne serait pas sans point de départ. Réunis ils existent, mais ils n'existent pas séparément.

Au lieu de se montrer jaloux des progrès accomplis par les sciences exactes, les hommes qui prennent de l'intérêt au développement des autres sciences devraient chercher les voies qui y mènent. Mais on ne les trouve pas en imitant servilement le mouvement des idées mathématiques. Car chaque idée a un mouvement qui lui est propre, et si la marche des idées parait être la même, ce n'est qu'un rapport extérieur, attendu qu'elles procèdent toutes d'après les mêmes règles de la logique. C'est le côté appréciable du mouvement ; le côté intérieur ne se manifeste que par ses produits.

Toutes les sciences doivent se rencontrer dans un centre commun, dans l'intelligence, car c'est de là que rayonnent les idées en prenant des directions différentes, selon les objets auxquels elles se rapportent. Partant du même centre, procédant logiquement de même, et revenant à leur centre par la réflexion, toutes les idées doivent se trouver en corrélation intime. Les transitions d'une idée à l'autre l'indiquent ; et il s'ensuit que toutes les sciences tiennent ensemble, se complètent et s'expliquent les unes par les autres.

Mais les sciences, n'ayant d'autre source que les idées, ont leur limite dans le développement que celles-ci peuvent atteindre.

A cette limite que l'homme reconnaît instinctivement et qu'il aspire à dépasser, commence une autre science, la science divine, qu'on a nommée la religion. Les idées à élément matériel ne pouvant pénétrer dans ces régions, il faut conclure qu'on ne peut y arriver que par d'autres voies que les sciences humaines.

Et cependant si nous acquérons la conscience plus ou moins parfaite des objets, où se rencontrent l'esprit et la matière, si nous connaissons la matière à l'état abstrait, séparée de l'esprit, la logique mène à la conclusion que l'esprit doit pouvoir exister aussi à l'état de séparation de la matière. Nous entrevoyons donc l'existence d'une essence spirituelle pure,—mais les moyens pour arriver à la connaissance de cette essence nous manquent. Car nous ne pouvons atteindre à l'esprit qu'alors qu'il est lié à la matière, qu'il se présente comme objet à l'idée.

Ainsi la logique indique seulement qu'il y a une essence, un principe existant à d'autres conditions que celles auxquelles existent les objets accessibles pour notre intelligence, et par cette raison elle ne saurait l'atteindre.

Mais l'âme est douée de facultés spécialement affectées à ce but, la foi, l'inspiration; et c'est par leur intermédiaire que s'établit le rapport entre l'homme et l'Être suprême.

Nous allons maintenant présenter, en résumé, les principales évolutions et les différentes modalités des idées qui forment la substance de cet ouvrage.

Le chapitre Ier montre l'origine du droit, c'est-à-dire le mouvement intellectuel et physique par lequel le droit se constitue.

Dans le chapitre II, nous voyons des différences se produire dans ce mouvement, en ce qui concerne son point de départ, c'est-à-dire l'individu ou le sujet, et le point d'arrivée, c'est-à-dire l'objet. Par rapport à ce dernier, le droit se divise en personnel et réel, en mobile et immobile. Par rapport à l'individu, le droit se présente aux trois modes de droit privé ou civil, de droit public et de droit des gens, selon que l'individu est pris séparément, que la société est prise également ainsi, ou en relation avec d'autres sociétés.

Dans ce chapitre, nous ne nous occupons que du droit privé, qui présente trois modalités principales selon :

1° Que l'élément matériel seul du droit passe dans la possession d'un autre, comme dans le prêt et le commodat ;

2° Que le droit change de maître, comme dans la donation;

3° Ou que des droits équivalents sont mis en commun, comme dans le contrat.

Le chapitre III indique quelles sont les causes destructives du droit positif, qui peut être atteint dans son principe spirituel aussi bien que dans son élément matériel.

Dans le chapitre IV, on voit le mouvement, propre à l'idée du droit, se partager.

En persistant dans la même direction, il arrive à l'idée de l'autorité ; en s'arrêtant, il constitue l'idée de la justice.

La première direction a sa source dans le sentiment que l'homme a de sa supériorité sur les choses qui l'entourent ; — la seconde direction est donnée lorsque l'individu reconnaît la même supériorité à son semblable.

Ce mouvement des idées ne signifie pas qu'en prenant l'une de ces directions, l'autre en soit entièrement absorbée; le mouvement continue dans l'un et l'autre sens, mais d'une manière confuse et peu marquée. Lorsqu'elles se séparent, au contraire, nettement les unes des autres, ces idées se mettent en corrélation déterminée et suivie.

Les deux côtés de l'idée de la justice, pris séparément, se présentent comme idées secondaires d'*équité* et de *justice matérielle.*

La contre-épreuve de cette analyse est fournie par le paragraphe intitulé la *Synthèse de l'idée de la justice*, puisque l'unité de celle-ci y est rétablie.

Le développement ultérieur de l'idée de la justice constitue la *justice distributive,* qui n'est autre chose que l'idée de la justice appliquée aux actions.

Dans le chapitre V, on voit l'idée du droit entrer dans une nouvelle phase, celle du *droit public.*

La volonté humaine ne se présente plus à l'état de supériorité par rapport aux choses, comme dans le droit, ni à l'état d'égalité vis-à-vis d'autres individus, comme dans la justice; mais on voit s'établir entre les volontés une inégalité qui produit d'un côté l'autorité, — de l'autre la dépendance.

Placée sous l'influence seule de l'autorité, la société se constitue en monarchie. Cette forme sociale présente trois genres différents, selon que c'est l'autorité temporelle, l'autorité spirituelle ou le pouvoir militaire, qui en déterminent principalement l'organisation.

Au terme des évolutions que l'idée du droit accomplit, on rencontre l'idée de la liberté. Ces idées sont de même essence, puisque toutes deux font partie intégrante de la même volonté humaine, mais s'y produisent comme deux côtés opposés, — l'une s'incorpore à la matière et l'autre s'en détache.

Les idées établissent une corrélation entre l'esprit et la matière, qui se trouvent ainsi placés dans des conditions d'action et de réaction.

L'esprit agit sur la matière, et se réalise par des créations variées, mais la matière agit aussi sur l'esprit; — un fait, une image, un mot, vu ou entendu, réveillent des idées.

L'idée de la liberté tenant aux aspirations les plus intimes de l'être humain, réagit d'une manière particulièrement énergique contre la compression matérielle, et si elle l'endure, c'est par l'impossibilité de s'y soustraire. La réaction de la liberté se manifeste d'abord dans l'ordre des idées, et puis dans l'ordre des faits, et, prenant le dessus, aboutit à la république.

La république est donc le produit de l'idée de la liberté, comme la monarchie est le produit de l'idée du droit.

Lorsque ces deux idées se combinent dans des proportions précises, fixées par un grand nombre de contrats particuliers, il en résulte la troisième forme sociale principale, la féodale.

La société moderne se constitue, alors que tous ces contrats particuliers se résument par un seul contrat général, en sorte que cette forme sociale est un produit de la première.

La société moderne a cela de caractéristique, qu'on y remarque deux courants d'idées, — dont l'un tend à l'unité, l'autre à la lutte; — double direction qui s'observe partout où l'esprit de la société moderne a pénétré.

Ces deux courants d'idées opposées sont le reflet, et témoignent de la présence des deux idées du droit et de la liberté, dont l'une tend constamment à l'union, et l'autre à l'opposition.

Le chapitre VI a pour objet l'étude de la nationalité. Elle se compose d'éléments différents, qui se combinent de manière à imprimer un caractère spécial à la société. Les produits du droit, ceux des autres facultés humaines, lès sciences, les arts et l'industrie, portent l'empreinte de ce caractère spécial qui distingue une société de l'autre.

Le chapitre VII est consacré au droit des gens.

Nous montrons qu'il n'est pas homogène, comme on le suppose généralement, mais qu'il se compose de deux parties bien distinctes, dont l'une repose sur le droit, et l'autre sur le principe de la force.

Cette dernière partie se distingue par là, qu'elle se compose de ces règles du droit des gens qui ont un caractère spécial. L'autre partie rentre dans le domaine du droit, et se trouve placée sous la même règle que le droit en général.

Après avoir fait connaître le mouvement dialectique inhérent au système exposé dans ce livre, il nous reste à montrer, en peu de mots, qu'on ne saurait arriver aux mêmes résultats en prenant pour point de départ toute autre idée que celle du droit.

Comme l'idée de liberté est constamment en

rapport avec l'idée du droit, et devient la base d'une forme et d'institutions sociales aussi bien que cette dernière, on pourrait croire qu'elle est susceptible de la remplacer et de créer tout un ordre social.

Mais il y a, entre ces deux idées, la différence que l'idée du droit a une tendance positive; elle transforme la matière et élève des institutions sociales sur cette base. L'idée de la liberté, au contraire, n'a qu'une tendance négative; elle rejette les conséquences où arrive l'idée du droit, et ne trouve ainsi d'objet à son activité que là où existent déjà les produits de l'autre idée.

L'idée du droit est productive, l'idée de la liberté, destructive, — et si l'on voit celle-ci organiser un ordre social aussi complet que celui de l'idée du droit, ce n'est pas un produit de sa propre force créatrice. — La république ne peut pas se passer de lois et d'une autorité quelconque. Et, comme ces institutions sociales existent, soit ailleurs, soit dans la même société, conformément à l'organisation qu'elle avait jusque-là, les législateurs de la république les prennent toutes faites, telles qu'elles se sont constituées sur la base du droit, et les modifient seulement dans le sens des idées de liberté.

Ce n'est donc pas un mouvement dialectique qui donne naissance à ce nouvel ordre social, mais des motifs extérieurs d'utilité ou d'intérêt, et souvent quelque théorie scientifique.

L'idée de liberté n'est donc pas une cause créatrice, mais une cause déterminante des rapports sociaux, — puisqu'elle ne les produit pas, mais exerce une influence déterminante sur leur formation. Indissolublement liée à l'idée du droit, tour à tour elle la restreint ou lui laisse de la latitude, et détermine ainsi toutes les créations du droit. — L'idée de la liberté ne se manifeste que par son antagonisme à l'égard du droit; elle suppose la préexistence de ce dernier, car elle ne pourrait autrement se produire.

C'est pourquoi on ne saurait prendre l'idée de la liberté pour point de départ dans un exposé scientifique des rapports sociaux. Car on arriverait ainsi aux créations de l'idée du droit sans pouvoir les expliquer, par la raison précisément qu'elles sont le produit d'une autre idée.

Le résultat ne serait pas plus satisfaisant si l'on commençait ses recherches par une des idées dérivées, — par celle de l'équité, par exemple.

Supposons qu'on eût découvert qu'elle constitue le côté spirituel de l'idée de la justice.

En suivant alors le mouvement de cette idée, on arriverait à une règle de justice à caractère spécial, applicable à certains rapports sociaux, mais insuffisante pour expliquer ceux-ci dans leur ensemble, puisqu'ils sont encore d'origine différente. En remontant, en sens inverse, le mouvement de l'idée de l'équité, on serait amené au point où elle rentre dans l'idée de la justice. Mais alors on se trouverait placé dans le courant que celle-ci suit pour aboutir aux différentes institutions législatives et judiciaires qu'elle produit.

Si on le suivait, on s'éloignerait donc de l'origine commune de l'idée de la justice, et de sa dérivée, l'idée de l'équité. En sorte que, pour trouver cette origine, il faudrait remonter le courant, ce qui mènerait à ce point où l'idée de la justice rentre dans l'idée du droit, et où paraît simultanément l'idée de l'autorité.

Là, il ne faudrait pas se tromper de direction, et remonter le courant de l'idée du droit, pour arriver à sa source, qui est en même temps celle de toutes les autres idées constitutives des rapports sociaux.

Mais ayant à distinguer, entre deux directions opposées, dans les idées, — celle qu'elles suivent naturellement en se développant, et celle qu'on aurait choisie dans un but scientifique, on se verrait bientôt perdu dans ce dédale d'idées, se mouvant en sens opposé.

L'expérience vient à l'appui de cette démonstration théorique; car si toutes les tentatives faites jusqu'à présent, pour se rendre compte des rapports sociaux, ont manqué leur but, c'est uniquement parce qu'on ne trouvait pas le vrai point de départ, et qu'on cherchait à remonter le courant des idées, — au lieu de le suivre vers les objets où elles se réalisent.

La grande signification de l'acte qui constitue le droit par la transformation de l'objet, a été méconnue à cause de son apparente simplicité. Mais une fois qu'il a été pris pour point de départ, il ne reste plus qu'à suivre le mouvement dialectique des idées, comme nous l'avons fait, pour arriver à leurs produits.

La solution des problèmes sociaux ne saurait être obtenue qu'à l'aide de cette méthode, puisqu'en faisant voir la cause à l'œuvre, les effets qui en résultent s'expliquent d'eux-mêmes. Il devient alors évident que l'antagonisme des principes n'est que la conséquence des conditions où l'homme se trouve placé, et qu'au lieu de tendances hostiles, on doit y voir l'effet de dispositions naturelles dont il faut tenir compte.

Et c'est ainsi que la parfaite intelligence des rapports sociaux est mieux calculée pour ramener toutes les tendances opposées à l'équilibre, et pour rétablir l'harmonie dans les sociétés troublées par les discordes, que ne peuvent le faire des tentatives entreprises, de part ou d'autre, dans un esprit de lutte.

CONSIDÉRATIONS GÉNÉRALES.

Quiconque prendra ce livre en main voudra sans doute savoir à quel point de vue l'auteur a présenté le sujet qu'il traite.

On croit généralement que les questions qui touchent à la société humaine s'expliquent autrement, selon qu'on se place au point de vue du droit ou à celui de la liberté. Il s'ensuivrait que les objets auxquels ces questions se rapportent, existent réellement en double, à l'état de séparation, et qu'il y a, pour arriver à leur solution, deux points de départ différents.

Le contenu de ce livre prouverait, au contraire, que tous les rapports sociaux ont une origine commune, qu'ils sont le produit d'une seule idée, mais à double tendance, et que leur antagonisme n'est que le résultat de la lutte de ces tendances pour la prépondérance.

En se plaçant à ce point de vue, on n'a d'autre objet devant soi que des idées.

Lorsqu'il s'en présente une à l'esprit, on la fixe, l'analyse et la suit dans son mouvement, pour recueillir les résultats qu'elle produit ; puis on l'étudie dans son rapport avec d'autres idées.

Il faut connaître la fascination qu'exerce la découverte de nouvelles voies, dans le domaine intellectuel, pour savoir qu'une fois qu'on y marche, on n'a plus d'autre préoccupation que celle de ne pas dévier. Et néanmoins, lorsqu'on s'engage dans des voies inconnues, où, à travers le vague, il s'agit d'arriver au positif, l'erreur est facile à commettre, du moment qu'on n'a pas saisi exactement la portée de chaque idée, et sa corrélation avec d'autres idées.

La logique n'est pas un guide suffisant dans ces investigations ; elle est cette opération de l'intelligence qu'on peut nommer son mouvement, ou son procédé mécanique. Mais par ce mouvement, l'intelligence peut approcher du but, ou s'en éloigner lorsqu'elle se laisse déterminer par d'autres considérations. En sorte qu'il ne reste que le but, que l'idée fait apercevoir plus ou moins distinctement, pour servir d'indice à la direction à prendre.

L'auteur a cherché la raison d'être de tous les rapports qui se constituent dans la société humaine, de toutes les formes qu'elle revêt, uniquement dans le mouvement des idées. A ce point de vue, on est inaccessible à toute considération subjective, à tout mouvement de sympathie ou d'antipathie préconçues.

Aussi l'intention de l'auteur n'est pas de prêcher une doctrine quelconque, ou de démontrer la supériorité de l'une par rapport à l'autre. Les publicistes de tous les temps se sont suffisamment exercés à cette tâche.

Partagés en deux partis hostiles, ils cherchaient à faire reconnaître, comme base unique des rapports sociaux, les uns, le principe de l'autorité, représenté par la personne du souverain, les autres le principe de la liberté, représenté par le peuple. Les uns et les autres ont élevé, sur chacune de ces bases, des systèmes qui se sont trouvés aussi opposés que le sont leurs principes pris à l'état de séparation. La corrélation entre ces deux ordres d'idées ayant été rompue, chacun acquérait une valeur absolue, et n'admettait l'autre qu'à titre de concession ou de tolérance.

La véritable nature des idées sociales une fois méconnue, leur objectivité se perdait, et elles n'apparaissaient plus qu'au point de vue subjectif auquel on se plaçait. Dès lors, la supériorité de l'argumentation, en faveur de l'un ou de l'autre système, en constituait le principal mérite.

C'est ainsi que, de part et d'autre, on cherchait à établir la supériorité de l'un ou de l'autre principe, en ce qui concerne les rapports sociaux, sur tous les points ou sur quelques-uns seulement.

Comme traits généraux il y avait à signaler, d'une part, la stabilité et la régularité propres à la monarchie; de l'autre, la mobilité, avec tous ses avantages et désavantages, propres à la république.

D'un côté, on prétendait établir que les droits individuels trouvent plus de sécurité quand l'autorité est exercée par un grand nombre d'individus. — Les adversaires objectaient à cette maxime que l'intérêt personnel peut réunir la majorité dans un cas donné; et alors l'individu, se confondant dans le nombre, est moins exposé à encourir la responsabilité personnelle d'un acte oppressif, que ne l'est l'individu isolé. En sorte que les garanties de sécurité, au lieu d'augmenter, diminueraient dans la société.

On a soutenu que les formes libres assurent à la société une meilleure administration que l'autorité indivise, par la raison que la discussion publique est particulièrement propre à éclairer les questions sociales. On a allégué encore que les hommes à capacité se font connaître plus facilement au milieu des débats publics, que là où cette occasion de se mettre en évidence leur manque. D'autre part, on y répond que les hommes à grande capacité se font toujours remarquer au moyen de la réputation qu'ils acquièrent. Ils peuvent alors être appelés aux conseils du souverain, aussi bien qu'à ceux du peuple, d'autant plus qu'il est de l'intérêt de toute autorité d'être assistée des lumières d'individus supérieurs. On fait observer, de plus, que le souverain, à cet égard, est plus libre dans son choix qu'une assemblée politique, dont l'accès peut être subordonné à des conditions qui, dans bien des cas, en exclueraient justement les capacités.

On pourrait, du reste, alléguer bien d'autres motifs encore, pour ou contre quelque forme sociale; mais ils restent l'expression d'une opinion ou d'un sentiment personnels, aussi longtemps que l'on considère la société au point de vue de son utilité, de la sécurité ou d'autres avantages qu'elle offre. Il en sera autrement lorsqu'on la prendra comme un produit nécessaire de la nature des choses. Alors il s'agira, avant tout, de savoir à quels principes constitutifs de l'être humain les formes sociales se rapportent, afin de pouvoir faire la part proportionnelle à chacun d'eux.

Il serait temps d'en venir à ce point de vue, afin de rapprocher les principes sociaux, comme c'est dans la nature des choses, au lieu d'accorder une valeur absolue à l'un et de chercher à anéantir l'autre.

Alors on n'aurait plus qu'une science sur le même objet, au lieu d'en avoir une double, comme c'est le cas à présent.

Cette scission scientifique remonte à l'époque où l'homme a commencé à se rendre compte de la nature des rapports sociaux. Les écrits de Platon et d'Aristote révèlent déjà cet antagonisme de la réflexion. Platon représente la tendance de liberté qui prédominait chez les Grecs. La volonté du peuple y étant considérée comme source unique de tout ordre social, les poëtes et les philosophes rêvaient l'idéal de la république qui tôt ou tard pouvait être réalisé. Mais Aristote cherchait une base objective des rapports sociaux, et espérait la trouver en étudiant avec attention la formation naturelle. — A Rome, le droit s'était développé dans un sens matériel, mais sévèrement logique; c'est pourquoi il s'y est maintenu toujours dans une certaine indépendance de la loi, tandis qu'en Grèce le droit s'est trouvé entièrement soumis et assimilé à la loi [1]. C'est ainsi que les lois agraires mêmes étaient différentes à Rome et en Grèce; car les lois agraires romaines ne se rapportaient pas aux anciennes propriétés des patriciens, mais seulement aux nouvelles conquêtes qu'ils voulaient s'attribuer exclusivement. (*Voy.* VOLLGRAFF, *Die Systeme der praktischen Politik*, etc., t. II, p. 222.)

Au moyen âge, les deux systèmes politiques se trouvaient pacifiquement réunis, ou plutôt confondus, parce qu'on n'avait pas acquis encore

[1] « Die Griechen hatten nur Nomos und seine Derivaten während die Römer, wenn sie nicht wie Cicero so oft that, ein griechisches Original vor sich haben, nie *Lex* und *Jus* verwechseln. » (*Lehrbuch des Naturrechts*, etc., v. prof. HUGO. S. 12.)

la conscience de leur opposition. C'est ainsi que les écrits de saint Augustin ou de Thomas d'Aquin, malgré la haute intelligence de ces deux écrivains, font preuve d'une confusion de principes politiques dont le publiciste le plus médiocre serait incapable de nos jours [1].

Les ouvrages de Hugo Grotius et de Pufendorf décèlent encore la même confusion.

Et néanmoins, du temps même de Grotius, la séparation de la science politique en deux parties distinctes s'accomplissait en Écosse, à l'occasion des discussions violentes qui s'y étaient élevées entre les partisans de l'autorité souveraine et ceux du peuple.

Spottiswood soutenait le principe de l'autorité, Calderwood et Melville s'étaient constitués les

[1] Pour citer un exemple, nous indiquerons les deux passages suivants de Thomas d'Aquin, qui contiennent deux opinions opposées sur l'origine de la société humaine, énoncées, non d'une manière conditionnelle, mais d'une manière générale et valable pour tous les temps. Th. d'Aquin parle d'abord d'un pacte entre le peuple et le souverain, et des précautions qu'ont à prendre ceux à qui il appartient d'élire un souverain (*ad quos hoc spectat officium*), afin qu'il n'abuse pas de son autorité. (*De regimine principum*, l. I, cap. VI.) Ailleurs Th. d'Aquin comprend parmi les attributions d'un souverain celle de fonder les royaumes. « Sub regio enim officio comprehenditur etiam institutio civitatis et regni. » (L. c., lib. I, cap. XIII.)

défenseurs de la liberté. Et on peut dire que c'est dans leurs écrits que doit être cherchée l'origine des deux directions opposées que la science politique a prise dès lors. (Voy. *Englische Geschichte von Ranke*, 1 B, 590. S.)

Chacun des nombreux systèmes, dans l'un ou l'autre sens, a constamment eu pour objet de se renfermer dans un cercle déterminé d'avance, et d'en exclure les autres.

Le système que nous avons établi a une portée tout opposée. Au lieu d'exclure les autres systèmes, il leur offre un point de réunion, puisque tous y trouvent une place. Mais cette place n'est que relative ou limitée, vu qu'ils ne sauraient en occuper une autre que celle à laquelle ils prétendent eux-mêmes, en n'acceptant qu'une des idées principales, souvent même une des idées dérivées, comme source unique des rapports sociaux.

L'extension de l'idée fondamentale d'un système, par rapport aux autres idées sociales, indique donc tout naturellement la place qui revient à ce système, par rapport aux autres, lorsqu'ils se trouvent coordonnés dans un ensemble qui les comprend tous.

En terminant, nous ne saurions nous empêcher

Paris. — Typographie de Ad. R. Lainé et J. Havard, rue des Saints-Pères, 19.

d'exprimer la conviction que le progrès prochain de l'humanité consistera dans le développement de plus en plus considérable de la raison pratique en politique. Le moment arrivera ainsi où l'on abandonnera les systèmes abstraits et où l'on ne cherchera plus le bonheur social dans des formes extérieures; car on se sera aperçu que celles-ci n'ont de valeur que par l'esprit qui les anime. Le mouvement politique n'aura alors d'autre but que celui de mettre en évidence ou de constater la vérité de cet esprit, et n'attachera de prix qu'à la sincérité et à la droiture de ceux qui exercent l'autorité. Et on y verra enfin une meilleure garantie que dans toutes les combinaisons de la théorie qui ne reposent pas sur la base solide de la vertu publique.

FIN.

TABLE DES MATIÈRES.

CHAPITRE IV.

LA JUSTICE.

CHAPITRE V.

LE DROIT PUBLIC.

LA LIBERTÉ.

CHAPITRE VI.

CHAPITRE VII.

CHAPITRE VIII.

FIN DE LA TABLE.

www.ingramcontent.com/pod-product-compliance
Ingram Content Group UK Ltd.
Pitfield, Milton Keynes, MK11 3LW, UK
UKHW012008240726
13965UKWH00001B/225

9 782012 801202